产业科技创新

面向新型工业化的
理论探索与实践发展

孙 鑫 何 伟◎编著

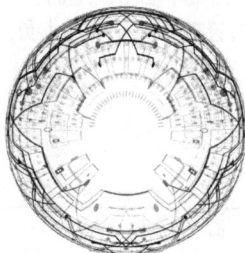

人民邮电出版社

北 京

图书在版编目（CIP）数据

产业科技创新：面向新型工业化的理论探索与实践发展 / 孙鑫，何伟编著. -- 北京 : 人民邮电出版社，2024.7
ISBN 978-7-115-64511-1

Ⅰ. ①产… Ⅱ. ①孙… ②何… Ⅲ. ①工业技术—技术革新 Ⅳ. ①F403.6

中国国家版本馆CIP数据核字(2024)第105388号

内 容 提 要

本书从理论、主体、产业和区域 4 个方面探讨国内外产业科技创新的理论和实践。理论篇从系统观出发，提出产业科技创新体系是多元创新主体的体系化运行，不同产业的科技创新体系存在差异，同时构建一套分析产业科技创新体系的基本框架。主体篇深入分析产业科技创新体系 4 类创新主体，包括产业战略科技力量、企业、新型研发机构、概念验证中心。产业篇关注不同产业的科技创新体系差异，具体分析汽车、人工智能和高铁等典型产业的科技创新体系实践经验，对我国进一步巩固创新发展优势提出对策和建议。区域篇从地区层面介绍国内外产业科技创新发展现状，包括全球产业科技创新发展格局和数字时代我国数字创新高地的发展情况。

本书适合政府、工业界和科研机构的管理人员、研究人员，以及高等院校创新管理专业的学生参考阅读。

◆ 编　著　孙　鑫　何　伟
　　责任编辑　张　迪
　　责任印制　马振武
◆ 人民邮电出版社出版发行　　北京市丰台区成寿寺路 11 号
　　邮编　100164　　电子邮件　315@ptpress.com.cn
　　网址　https://www.ptpress.com.cn
　　固安县铭成印刷有限公司印刷
◆ 开本：720×960　1/16
　　印张：10.75　　　　　　　　2024 年 7 月第 1 版
　　字数：148 千字　　　　　　 2024 年 7 月河北第 1 次印刷

定价：79.90 元
读者服务热线：(010)53913866　印装质量热线：(010)81055316
反盗版热线：(010)81055315
广告经营许可证：京东市监广登字 20170147 号

编 委 会

序言

PREFACE

工业化是现代化的前提和基础，是一个国家和民族繁荣富强的必由之路。推进新型工业化，是以习近平同志为核心的党中央统筹中华民族伟大复兴战略全局和世界百年未有之大变局作出的重大战略部署，具有重大的现实意义和深远的历史意义。

工业是创新的主战场，是创新活动最活跃、创新成果最丰富、创新应用最集中、创新溢出效应最强的领域。新型工业化以新发展理念为引领，把高质量发展要求贯穿始终，是坚持高水平科技自立自强、依靠创新驱动发展的工业化。党的二十大报告指出，建设现代化产业体系；推进新型工业化；完善科技创新体系，坚持创新在我国现代化建设全局中的核心地位；加快实施创新驱动发展战略。2023年12月召开的中央经济工作会议强调以科技创新引领现代化产业体系建设，提出以科技创新推动产业创新，大力推进新型工业化。创新，特别是产业科技创新，是新型工业化的根本动力，决定了工业现代化水平，进而决定了产业体系现代化水平。

（一）

当前，世界百年未有之大变局加速演进，新一轮科技革命和产业变革深入发展，大国竞争和博弈日益加剧，世界进入新的动荡变革期。我国进入高质量发展阶段，加强产业科技创新、大力推进新型工业化面临新形势。

一是新一轮科技革命与产业变革加速演进。科技创新的广度、深度、密度、速度和精度持续加大。众多科学和技术领域的原创突破和交叉融合为全球产业变革提供源泉，催生新产业、新业态、新模式，重塑全球产业链结构，重组全球供应链网络，重构全球价值链体系。前沿制造技术群体性突破、以人工智能为代表的新一代信息技术与制造业深度融合、清洁低碳高效的绿色制造体系加快构建，正在迅速推动制造业向高端化、智能化、绿色化的方向发展。抓住新一轮科技革命与产业变革的历史性机遇，必须加强产业科技创新，增强我国适应和引领产业科技发展客观趋势的能力，瞄准世界科技前沿，抢占发展先机，引领发展方向，赢得发展空间。

二是全球产业发展和分工格局深度调整。当今世界正经历百年未有之大变局，持续半个多世纪的超级全球化周期出现结构性转变，世界创新中心正在经历新一轮转移扩散，推动重构全球创新版图、重塑全球经济结构。一方面，全球创新版图深刻调整。工业革命以来，每一次产业转移都伴随着承接国（地区）产业结构升级和世界创新中心更迭。在长期演变过程中，全球价值链走向"多强并存、多区域发展、多元共治"的新格局。以美国为核心的北美中心、以德法为核心的欧洲中心、以中日韩为核心的亚洲中心依托不同的禀赋条件和发展优势，逐渐形成三足鼎立、各有侧重的"三大价值链中心"。一方面，东方新兴经济体和发展中国家的创新影响力和活跃度明显增强。另一方面，全球关键领域产业链供应链加速重组。全球主要经济体通过法律规定、经济补贴、政治手段等方式，加快制造业回流。逆全球化思潮抬头，单边主义、保护主义明显上升，全球范围内治理赤字、信任赤字和发展赤字进一步加剧。

三是产业科技创新成为国际战略博弈的焦点。科学技术从来没有像今天这样深刻影响着国家前途命运，从来没有像今天这样深刻影响着人民生活福祉。世界主要大国纷纷加强产业科技重点领域、前沿领域等布局，出台一系列以产业科技为核心的发展战略，例如美国《先进制造业国家战略》、德国《国家工业战略2030》等，意图抢占产业科技创新制高点。面对日益严峻的外部风险挑战和激烈的国际竞争，必须加强产业科技创新，开辟发展新领域新赛道、塑造发展新动能新优势。在危机中育先机、于变局中开新局，有效应对大国战略博弈。

四是我国产业结构亟待优化升级。从追求增速转向追求质量、从扩大规模转向优化结构、从粗放增长转向内涵增长，实现质量变革、效率变革、动力变革，是高质量发展的内在要求。当前，我国工业在全球价值链中仍处于中低端，面临一系列难题和困境，工业大而不强的格局尚未根本改观，正处在由制造大国、网络大国向制造强国、网络强国转变的关键时期。推动传统产业加快数字化转型，形成产业发展新业态，推动战略性新兴产业持续蓬勃发展，壮大产业发展新支柱，推动未来产业加速孕育孵化，拓展产业发展新空间，都需要产业科技创新提供解决方案。必须加强产业科技创新，提升产业链供应链韧性和安全水平，增强我国可持续发展能力，推动我国工业加快迈向价值链高端。

（二）

党的十八大以来，以习近平同志为核心的党中央坚持创新驱动发展战略，高度重视产业科技创新。习近平总书记放眼世界发展大势、立足中国发展实际，对产业科技创新工作作出一系列重要指示批示，就新型工业化的一系列重大理论和实践问题作出重要论述，为新时代发展指明了前进方向，提出了明确要求。

一是以科技创新引领现代化产业体系建设。科技创新能够催生新产业、新模式、新动能，是发展新质生产力的核心要素。必须围绕推进新型工业化的重点任务，科学布局科技创新、产业创新。2023年12月中央经济工作会议强调，要以科技创新推动产业创新，特别是以颠覆性技术和前沿技术催生新产业、新模式、新动能，发展新质生产力。要及时将科技创新成果应用到具体的产业和产业链上，改造提升传统产业，培育壮大新兴产业，布局建设未来产业，完善现代化产业体系。围绕发展新质生产力布局产业链，提升产业链供应链韧性和安全水平，保证产业体系自主可控、安全可靠。要大力发展数字经济，促进数字经济和实体经济深度融合，打造具有国际竞争力的数字产业集群。

二是把高质量发展的要求贯穿新型工业化全过程。高质量发展是体现新发展理念的发展。党的十九届五中全会提到，新时代新阶段的发展必须贯彻新发展理念，必须是高质量发展。制造业是贯彻新发展理念的主阵地，是高质量发展的主引擎，是维护经济安全、国家安全的坚实支撑。没有工业特别是制造业的高质量发展，就没有经济的高质量发展。推动经济高质量发展，重点在工业，难点也在工业。按照高质量发展的要求推进新型工业化，必须完整、准确、全面贯彻新发展理念，实现创新成为第一动力、协调成为内生特点、绿色成为普遍形态、开放成为必由之路、共享成为根本目的的高质量发展，促进产业科技创新发展和产业结构优化升级，统筹质的有效提升和量的合理增长，推动经济发展质量变革、效率变革和动力变革。

三是强化企业科技创新主体地位。党的二十大报告强调，强化企业科技创新主体地位，发挥科技型骨干企业的引领支撑作用，营造有利于科技型中小微企业成长的良好环境。为确立企业科技创新主体地位、增强企业创新动力，二十届中央全面深化改革委员会第一次会议中提出，要从制度建设着眼，对技术创新决策、研发投入、科研组织、成果转化全链条整体部署，对政策、资金、项目、平台、人才等关键创新资源系统布局，一体化推进科技创新、产业创新和体制机制创新，推动形成以企业为主体，"产、学、研"高效协同、深度融合的创新体系；要发挥企业的"出题者"作用，推进重点项目协同和研发活动一体化，加快构建头部企业牵头、高校支撑、各创新主体相互协同的创新联合体；要聚焦国家战略和产业发展重大需求，加大企业创新支持力度，积极鼓励、有效引导民营企业参与国家重大创新，推动企业在关键核心技术创新和重大原创技术突破中发挥作用。

四是坚持创新链产业链资金链人才链深度融合。推动创新链产业链资金链人才链深度融合是党的二十大报告中关于"加快实施创新驱动发展战略"的重要部署。强调要打造科技、教育、产业、金融紧密融合的创新体系；围绕产业链部署创新链，围绕创新链完善资金链；促进产业链、创新链深度融合。要完善产业科技创新政策布局，支持和引导创新要素自由流动、合理配置，推动各类创新要素向企业集聚，形成需求导向、应用牵引、企业主体、"政、产、学、研、金"有机结合、"四链"深度融合的现代化产业科技创新体系，支撑现代化产业体系建设。

五是提高科技成果转化和产业化水平。成果转化是产业科技创新的"硬骨头"和"最后一公里"，关系到产业科技创新体系的整体效能。科技成果只有与国家需要、人民要求、市场需求相结合，完成科学研究、实验开发、推广应用的三级跳，才能真正实现创新价值，落实创新驱动发展。要加快创新成果转化应用，彻底打通关卡，破解实现技术突破、产品制造、市场模式、产业发展"一条龙"转化的瓶颈；要依托我国超大规模市场和完备产业体系，创造有利于新技术快速大规模应用和迭代升级的独特优势，加速科技成果向现实生产力转化；要发挥企业"出题者"作用，发展高效强大的共性技术供给体系，提高科技成果转移转化成效。

六是建设科技创新中心。建设具有全球影响力的科技创新中心和区域科技创新中心，是我国实施创新驱动发展战略的重要一环。科技创新中心汇聚创新资源，开展基础研究和原始创新，解决重大产业科技创新难题，对全球和区域产业科技创新具有重要的引领和带动作用。要尊重科技创新的区域集聚规律，因地制宜探索差异化的创新发展路径，加快打造具有全球影响力的科技创新中心，建设若干具有强大带动力的创新型城市和区域创新中心；各地区要立足自身优势，结合产业发展需求，科学合理布局科技创新，要支持有条件的地方建设综合性国家科学中心或区域科技创新中心，使之成为世界科学前沿领域和新兴产业技术创新、全球科技创新要素的汇聚地。

（三）

我国新型工业化发展正处于关键历史关口，要持续巩固"大"和"全"的优势，并向着"强""高""精"不断进军，为此必须加强产业科技创新，特别是原始创新、颠覆性技术创新，及时将创新成果应用到具体产业，以技术革命性突破、要素创新性配置、产业深度转型升级催生新产业、新模式、新动能，为中国式现代化构筑强大的物质技术基础。

当前，我国已具备推进新型工业化的良好基础和条件，是全世界唯一拥有联合国产业分类中所列全部工业门类的国家，在世界 500 多种主要工业产品中，有 220 多种工业产品的产量位居全球第一，形成独立完整的现代工业体系。随着工业化进程加速，我国产业科技创新能力显著增强，产业战略科技力量建设稳步推进。无人机、云计算、人工智能、移动通信等领域成长起一批具有国际影响力的科技领先企业。截至 2023 年 12 月，全国布局建设 27 家国家制造业创新中心、2 家国家地方共建制造业创新中心、260 家省级制造业创新中心，网络化制造业创新生态基本形成。23 个国家自主创新示范区和 178 个国家高新技术产业开发区，成为引领带动产业科技创新的重要力量。企业创新主体地位进一步突出。2022 年，我国成为世界第二大研发投入国，570 多家工业企业入围全球研发投入 2500 强，占比近 1/4。我国工业企业发明专利申请数从 2012 年的 17.6 万件提高到 2022 年的 55.5 万件。重点产业领域创新发展成效显著。工业互联网已进入规模化发展新阶段，融入 49 个国民经济大类，覆盖全部工业大类。新能源汽车继续领跑全球，2023 年产量和销量分别完成 958.7 万辆和 949.5 万辆，分别增长 35.8% 和 37.9%。人工智能核心产业规模不断增长，企业数量超过 4400 家，智能芯片、开发框架、通用大模型等创新成果不断涌现。5G、载人航天、大飞机、大型邮轮、高端医疗装备等领域取得一批重大标志性成果，关键材料保障能力大幅提升，有力支撑国家重大战略实施，以及质量强国、航天强国、交通强国、网络强国和数字中国建设。

新时代新征程，在新一轮科技革命和产业变革与我国发展方式转变的历史交汇期，产业科技创新从来没有像今天这样深刻影响国家和民族前途命运。产业科技创新理论与实践研究，已成为国内外学术研究和政策研究的焦点，具有重要的学术价值和现实意义。本书以新型工业化进程中的产业科技创新理论与实践为主题，深入研究我国推进新型工业化背景下的产业科技创新发展，探讨产业科技创新的客观规律，总结产业科技创新实践的成功经验和存在问题，丰富产业科技创新的研究成果，为进一步完善我国产业科技创新体系、提升产业科技创新能力、加快重点产业领域创新发展提供新思路、新方案。

本书从理论、主体、产业和区域4个方面探讨国内外产业科技创新的理论和实践，是产业科技创新理论与实践研究的阶段性成果，其中难免有疏漏与不足之处，敬请广大读者指正。衷心希望本书能够发挥积极作用，借本书付梓之际与学术界、智库、政府等各方加强联合研究，搭建交流平台，共同推动产业科技创新的学术和政策研究。

编写组
2024 年 3 月

目录

CONTENTS

理论篇

主体篇

产业篇

区域篇

理论篇

第一章 新时期产业科技创新体系的理论认知

　　"创新"一词源于约瑟夫·阿洛伊斯·熊彼特（Joseph Alois Schumpeter）的经济学研究，用以解释经济是如何发展的。从理论溯源的角度来看，创新是发生于产业界的现象。此后，英国创新经济学家克里斯·弗里曼（Chris Freeman）研究发现，人类社会历次工业革命均由技术变革或科学突破引发。技术变革或科学突破推动产业结构转变，并伴随着生产和组织方式的变化。技术创新是产业创新的核心，从历次工业革命时期领先国家的成功经验来看，产业创新发展得益于科学、技术、产业和其他社会部门形成一套适应本国国情的运转体系，学界称之为产业创新体系或产业创新系统。

　　当前，全球新一轮科技革命和产业变革迅猛发展，各国产业科技竞争特别是新兴领域的产业科技竞争日益激烈，产业创新更需要科技的引领和支撑。与此同时，我国已进入高质量发展阶段，现阶段产业追赶与同步、引领并行，需要补齐产业技术背后的基础科学短板并追求创新。这些仅依靠技术创新是无法实现的，还有赖于技术之前的基础研究和科学进步。因此，本书站在巨人的肩膀上，根据新阶段的现实特征，将"产业创新体系"的概念进一步演化为"产业科技创新体系"。

● 产业科技创新体系的内涵

　　20 世纪 80 年代，在研究世界主要国家尤其是后发国家的创新体系和经济发展时，克里斯·弗里曼、美国经济学家理查德·R. 尼尔森（Richard R.Nelson）、丹麦创新经济学家本特－艾克·伦德瓦尔（Bengt–Ake Lundvall）等学者提出"国家创新体系（系统）"[1]概念。其基本含义是，一国在政府的干预下，高校、科研机构、企业、金融机构等各类创新主体之间相互作用，形成网络关系，共同推动国家创新和经济发展。然而，创新和经济发展最终由产业部门实现。上述学者的研究均发现，由于不同产业的产业基础、技术特性、生产方式等各不相同，创新路径不同，对应的创新体系也存在差异。"国家创新体系"无法解释为何在同一个创新体系下，有的产业创新发展成功，有的产业却大相径庭。因此，创新体系的深入研究需要进一步关注具体产业。此后，弗朗科·马雷尔巴（Franco Malerba）将"国家创新体系"具象到产业层面，提出"产业创新体系（系统）"概念，认为知识 / 技术、主体及其网络关系、制度共同构成具体产业的创新体系。

近年来，各国期盼出现新一轮科技革命和产业变革，带来新的增长点。美国、德国、日本、韩国等发达国家均在积极完善创新体系、发展新技术新产业。与渐进式创新不同，新时期的创新体系更需要科学和技术的突破。尤其在当下，我国传统产业的转型升级和新兴产业的发展壮大均需要科学和技术的引领和支撑。因此，当前的创新体系称为"产业科技创新体系"更合适。

探讨一国特定的产业科技创新体系时，要基于这一产业的技术特性和该国的产业基础和制度，分析企业、高校、科研机构、金融机构、中介组织和政府等主体的作用，以及这些主体之间如何建立网络关系促进创新。约瑟夫·阿洛伊斯·熊彼特认为，创新是生产要素的新组合。结合这一定义，本书认为，主

1　"体系"和"系统"的用语差异因翻译导致，英文system一词，部分学者翻译为体系，部分学者翻译为系统。相关研究来自克里斯·弗里曼、卢克·苏特《产业创新经济学》，理查德·R. 尼尔森《国家（地区）创新体系比较分析》，克里斯蒂娜·查米纳德、本特-艾克·伦德瓦尔《国家创新体系概论》。

体间建立网络关系的核心作用是促进要素的流动和重新组合。除了公认的创新要素——技术（知识）、资本和人才，在数字时代，无论是研究开发还是生产销售都离不开数据要素，数据成为创新活动的又一关键要素。产业科技创新体系示意如图 1-1 所示。

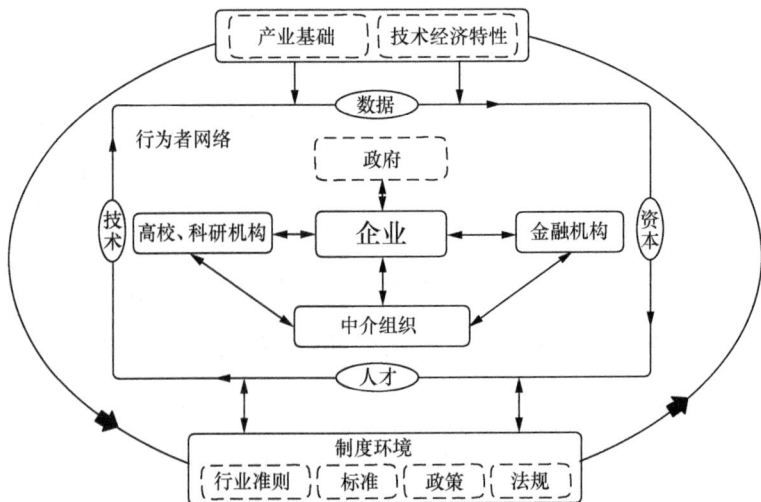

图 1-1　产业科技创新体系示意

⚙ 观察产业科技创新体系的基本框架

从产业科技创新体系构成来看，不同产业的创新主体和创新要素的类别基本相似，而技术特性、产业基础和创新主体间的关系千差万别。即使是相同产业，受不同国家、不同制度环境的影响，也会形成不同的创新体系。结合弗朗科·马雷尔巴提出的企业与高校、科研机构等之间的非商业关系和企业之间的商业关系，以及克里斯·弗里曼的"创新是新技术与市场的结合"理论，创新主体间的关系可进一步细化。企业与高校、科研机构之间的非商业关系主要聚焦于研发组织，企业与企业之间的商业关系主要涉及产业链协作和市场需求，因此创新主体间的关系可分解为研发组织、产业链协作和市场需求。基于此，本书从技术特性、产业基础、研发组织、产业链协作、市场需求和制度环境 6 个维度，观察具有产业差异性的产业科技创新体系。

（一）技术特性

关于技术特性的经典理论是意大利创新管理学者斯特凡诺·布雷斯齐（Stefano Breschi）提出的技术体制理论，包括技术机会、技术独占性、技术进步累积性和知识基础属性 4 个方面：技术机会是指投入一定数量的资金开展研发能成功创新的可能性，高技术机会对创新活动产生激励，各类创新主体倾向于投入更多的研发资金；技术独占性是指保护创新避免被模仿并从创新活动中获得利润的可能性，高技术独占性表示存在保护创新避免被模仿的方法，低技术独占性表示普遍存在外部性；技术进步累积性是指当前的创新对已有技术的依赖程度，高技术进步累积性是典型的创新形式，其特征是创新活动的连续性和创新收益的增加，在实践中表现为产品创新需要频繁、持续的技术改进；知识基础属性是指技术创新活动的基本知识特征。

斯特凡诺·布雷斯齐主要讨论技术知识的共性和专有性。共性技术是对一系列其他技术产生影响，有益于社会和广泛经济部门的技术，例如互联网。专有性技术通常是在共性技术的基础上形成的、专门用于某种产品或服务的技术，例如运行在互联网上的网站、软件技术。共性技术的公共性和外部性强，在创新经济学理论和实践中，以政府为主支持共性技术的研发和扩散成为共识。

相关研究结果显示，技术机会与产业诞生新企业的概率显著正相关，技术机会越高，越可能有新企业进入该产业，否则相反。技术独占性、技术进步累积性与市场集中度、产业头部企业稳定性显著正相关，技术独占性、技术进步累积性越强，产业头部企业越容易经过长期研发创新建立技术壁垒，并维持主导位置，市场越容易高度集中于头部企业，新企业较难进入该产业。

进入 21 世纪，通信、能源、医药等技术轨道发生变化，引发全球产业变革，传统的技术体制理论解释力明显不足。例如，医药产业的技术独占性和技术进步累积性强，新企业进入门槛高，但事实上，该产业出现了大量技术实力强的生物医药中小企业。其主要原因是，医药产业主流技术轨道从化学医药逐渐转向生物医药，跨越式技术转变削弱了化学医药企业的竞争优势，为新企业提供了参与产业竞争的机会，降低了产业进入门槛。国内外学者针对这一现象认为，技术转变方式影响创新主体的行为和关系[1]。技术转变方式分为连续性技术转变和跨越式技术转变：连续性技术转变是指延续同一技术轨道不断优化技术性能，相应的技术进步累积性高；跨越式技术转变是指技术的发展不再沿着过去的轨道延续，而是建立一条新的技术轨道，形成突破性创新。国内学者戚聿东的研究指出，当技术转变方式呈现连续性特征时，产业内的在位企业往往采纳或扩散新技术、固化现有的主体关系，新企业难以进入；当技术转变方式呈现跨越式特征时，在位企业往往阻碍使用新技术，新企业加速进入。

从上述分析可以发现，技术特性也会影响政府干预产业科技创新的行为。高技术机会或出现跨越式技术转变的产业，更易诞生技术实力强、市场潜力大的新企业，进而影响现有市场竞争格局。这类产业的科技创新通常百花齐放，企业创新活跃，市场竞争激烈。高技术进步累积性、高技术独占性和以连续性技术转变为主的产业，通常呈现以头部企业为主引领创新的、相对固化的创新格局。在这种创新格局下，行业企业开展共性技术研发创新的意愿更低，市场失灵现象更显著，共性技术的研发通常需要政府的大力支持。

值得注意的是，政府支持产业共性技术研发的方式也应结合其技术特性。近年来，国际高科技产业竞争加剧，学术界、产业界甚至政府越来越"追忆"20世纪末美日半导体产业竞争时，日本超大规模集成电路项目和美国SEMATECH[2]项

1　戚聿东，朱正浩. Malerba产业创新系统理论述评及中国情境下的研究展望[J].当代经济科学，2022，44(1):39-54.

2　SEMATECH（Semiconductor Manufacturing Technology）是指半导体制造技术战略联盟。

目的成功。然而，这种公私合作联合体的方式并不适用于所有的高科技产业。从技术特性来看，美日集成电路项目的成功得益于该产业的连续性技术转变、高技术进步累积性及高技术独占性。两国产业均已存在技术成熟的大企业，在技术路线相对确定的情况下，公私合作联合体促成大企业的合作研发。同样的创新组织方式，美国液晶显示产业却并未成功。究其原因，当时的显示技术出现了从显像管到液晶面板的跨越式变化，技术路线不确定性强，新技术领域尚无成熟的大企业。这种技术特性决定了产业科技创新需要不同技术路线的自由探索和优胜劣汰，而政府引导多家企业合作研发的组织方式限制了新技术的自由探索和竞争。

（二）产业基础

产业科技创新需要一定的产业基础，包括相关的创新主体和技术知识、资金等创新要素。例如，我国的新能源汽车、高铁等产业通过自主创新实现超越引领，建立在我国具有燃油汽车和普通铁路列车的产业基础之上。

在实践中，考察某个国家某个产业的产业基础，一般先观察产业内的企业数量、产出规模和产品性能高低等相关指标。例如，我们经常听到的观点是我国的某产业规模很大，但是仍处在价值链低端，这表明该产业有一定的产业基础，但产业基础并不强。这种判断不够客观具象，更直观的判断是产业发展处于什么阶段。例如，根据生命周期理论判断产业处于萌芽期、成长期还是成熟期，其衡量标准通常是收入、利润等规模化指标。从创新角度判断产业发展阶段的经典理论是哈佛大学学者威廉·艾伯纳西（William J.Abernathy）和麻省理工学院学者詹姆斯·厄特巴克（James M.Utterback）提出的 A-U 模型。

根据 A-U 模型，创新一般呈现从流动阶段、过渡阶段到明确阶段的周期性规律。流动阶段的特征是产业技术方向不明确，中小企业围绕不同的技术方向进行大量的产品和技术创新。经过一段时期的竞争后，主流的产品和技术方向显露，逐渐成为该产业的主导设计。此后，产业进入过渡阶段，掌握主导设计的企业不断发展壮大成为头部企业，产业内的产品创新频率降低，转而加强工艺创新，不断改良产品性能。随着产业内少数头部企业的产品占据大量的市场份额，产业进入明确阶段，即产业的主导设计完全明确，此时产品创新和工艺创新的频率都降至低谷。

发达国家从基础研究起步推进产业科技创新的过程确实符合 A-U 模型，但是 A-U 模型在解释后发国家产业科技创新方面存在明显缺陷。后发国家通常从模仿创新起步，在发达国家的产品创新和工艺创新的基础上消化吸收，创新过程与 A-U 模型正好相反。后发国家最早进入明确阶段，产品技术模仿发达国家已发展成熟的主导设计。后发国家产业主要开展逆向工程，产品创新和工艺创新的频率并不高。随着技术能力积累，产业进入过渡阶段，后发国家的企业在相对成熟的产品上进行大量工艺创新，改进性能，但产品创新能力仍不强。在过渡阶段后，主导设计的产品已经没有市场增长空间，后发国家企业也已具备创新能力，开始探索多元化的产品创新以建立新的增长点，此时该产业才进入产品创新频繁的流动阶段。据此，本书改进 A-U 模型，区分发达国家和后发国家的两种创新过程和产业发展对应阶段。考虑发达国家、后发国家差异的 A-U 模型如图 1-2 所示。

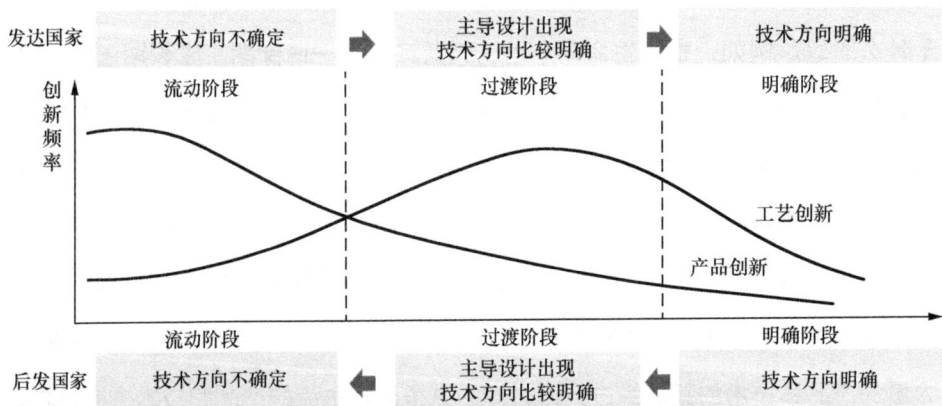

图 1-2　考虑发达国家、后发国家差异的 A-U 模型

在不同的产业基础下，创新主体间主动选择的相互关系不同，典型的是对资金分配的差异。

产业处于流动阶段时，虽然市场涌现大量的初创企业，但由于创新的不确定性和高风险，以及企业自身的资金有限，企业研发投入不足，需要外部资金支持。此阶段的资金供给主要来自 3 类主体。

创新的高风险意味着未来的高收益预期，种子基金、天使基金等早期风险投资基金在该阶段为企业提供投融资支持。例如，美国生物医药产业萌芽于斯坦福大学科学家赫伯特·博耶（Herbert Boyer）和斯坦利·科恩（Stanley Cohen）对 DNA 的突破性研究，两位科学家在早期风险投资的支持下成立了基因泰克公司，拉开了美国生物医药产业发展的帷幕。

已经发展成熟的大企业寻求新的增长点，也会投资此阶段的中小企业。例如，美国移动操作系统产业发展早期，安卓公司开发移动操作系统资金不足，谷歌收购安卓公司后投入资金、人力等资源，成功推出安卓系统。

该阶段的高风险性导致风险投资基金和大企业的投资规模有限，通常政府扮演补位者的角色，为该阶段的产业科技创新提供研发补助。典型例证是美国小企业创新研究计划和小企业技术转让计划，为小企业自主研发创新以及与科研机构合作研发提供公共资金支持。

产业进入过渡阶段，部分企业经过市场竞争的考验，产品日渐成熟。创新风险相对降低，收益也越来越明朗。市场化中后期，风险投资基金加大投融资支持力度以期盈利，此时供给端的资金相对充裕。但是，该阶段产业发展的一项重要任务是实现规模化，仅靠供给端的资金是无法实现的，需要市场需求端共同发力，实现规模不断扩大的供给和需求的良性循环。早期的市场需求较小，政府通常采取消费补贴、税收减免或调整需求结构等多种政策工具扩大市场需求。例如，美国生物医药产业在发展早期，美国政府进行医疗改革，扩大医保覆盖人群范围，降低个人医疗负担的费用，从需求端发力促进生物医药消费。

产业进入明确阶段后，市场竞争格局基本固化，大企业占据主要市场份额，企业发展也更加稳定。这种稳定也意味着产生大规模增长的可能性降低，追求高收益的风险资本降低投资规模，企业需要通过上市融资或寻求金融机构的信贷支持。政府转向以监管为主，出台政策法规，规范产业发展。对于后发国家来说，产业在明确阶段时的情况完全不同，业内基本是刚刚起步的小型企业。发达国家的跨国企业已经抢占了大部分市场，后发国家的本土企业不具备竞争优势，各类金融资本提供资金支持的意愿较低。政府主要扮演支持者的角色，通过补贴、优惠贷款等方法支持产业科技创新。日本、韩国在汽车产业发展早期都采取了税收减免、信贷支持等优惠政策，为产业创新发展提供了大量的资金支持。

（三）研发组织

产业科技创新主要由企业内部的研发推动，但是所有的研发不完全由企业内部单独实现，部分研发受外界科技进步的推动，部分研发由用户需求拉动，部分研发来自上游供应商的技术进步。随着科技创新日趋复杂，单点技术突破难以支撑完整的产品创新，跨企业跨机构的合作研发成为主流。不同产业的科技创新体系内，如何组织研发成为重要议题，研究发现，产业的创新来源和技术合作性质影响研发的组织方式。

20 世纪 80 年代，基于 1945—1980 年英国约 2000 项重大创新的数据，英国创新管理学者凯思·帕维特（Keith Pavitt）根据创新来源将不同产业分为供应商主导、生产密集型、专业供应商和基于科学 4 种类型。例如，农业、建筑业、服务业及纺织业等传统制造业属于供应商主导，创新源于上游原材料等供应商；水泥、玻璃等原材料属于生产密集型产业，创新通常源于企业内部的研发；机械和仪器设备零部件、生产设备等属于专业供应商，创新通常源于企业内部以及专业用户的需求；交通设备、通信设备和化工等部分最终产品属于基于科学的产业，创新通常源于企业内部、供应商、高校和科研机构。20 世纪 80 年代后，信息技术、生物技术和新材料技术出现颠覆式发展，产业的创新来源相继发生变化，根据创新来源的产业分类方法需要进行修订和进一步细分。例如，新材料不只是生产密集型产业，也是基于科学的产业，创新来源除了企业内部的研发，也需要高校、科研机构的科学知识转化。因此，产业的创新来源可归纳为企业内部、产业链上下游企业、高校和科研机构。

技术合作性质可分为差异性合作和共性合作。差异性合作指不同创新主体围绕不同技术领域进行研发合作，例如移动通信产业的上下游企业就不同技术点合作研发，该类合作可实现技术互补。共性合作指不同的创新主体围绕同一技术点分工研发，例如制药产业的不同企业就同一疾病治疗药物的靶点合作研发，该类合作存在技术独占性和知识产权分割等问题。

推动建立产业的研发组织方式，需要结合产业创新来源和技术合作性质进行分类讨论。产业科技创新体系的研发组织分类见表 1-1。

表 1-1　产业科技创新体系的研发组织分类

主要创新来源	技术合作性质	研发组织方式
上游供应商或下游用户	共性合作	外力推动企业合作研发
	差异性合作	企业主动自发合作研发
高校和科研机构	共性合作/差异性合作	外力促进"产、学、研"合作和成果转化

- 当创新源于上游供应商或下游用户时，如果各方需要进行共性合作，企业间或因成本分摊、利益分配等问题难以自发达成合作，研发关系的建立和维护通常需要政府等外力推动。日本超大规模集成电路项目和美国 SEMATECH 项目，都由政府主导或引导行业内大企业组建创新联合体，同时吸纳产业链上游的中小企业参与。

- 当创新源于上游供应商或下游用户时，如果各方需要进行差异性合作，企业间主动自发达成合作的阻力较小。例如，中国化工设备产业沈鼓集团联合杭氧集团、杭汽集团等公司研发制造，并在三元流叶轮等基础理论研究方面与中国科学院工程热物理研究所等科研机构合作，成功实现化工领域重大工程设备国产化替代。

- 当创新源于高校和科研机构时，企业与高校、科研机构或因体制机制等因素合作不畅，需要外力促进"产、学、研"合作和成果转化。例如，美国生物医药头部企业基因泰克和安进公司的诞生，均源于成果转化和创业孵化。美国生物医药产业集群的发展也得益于政府的产业规划。在生物科学重点高校、科研机构和研究型医院周边，政府推动建立生物科技园，为创业企业提供孵化等服务，促进企业与高校、科研机构的研发合作和成果转移转化。欧盟也采取类似举措大力推动生物医药领域各类创新主体的研发合作，设立创新药物研发计划，征集高校、科研机构和企业就某一疾病靶点识别开展合作研发。

在产业实践中，产业创新来源和技术合作性质通常可以从产品形态中反映出来。产品形态包括组装型和非组装型两类，可以体现出产品底层的技术结构。

组装型产品由上游产品组装而成，其产品的技术研发一般也可以拆解为不同的零部件产品技术，部分创新源于上游供应商的贡献。由于研发合作各方可相应承担各部分的技术创新，其技术合作性质是差异性合作，不易出现技术独占性、知识产权分割等问题，达成研发合作的难度较小。世界多国的通信系统设备代际更新均采取产业链企业牵头主导、高校和科研机构参与的研发合作形式。

非组装型产品难以拆解，一般属于流程型制造，下游产品的创新无法通过上游产品的重新组合实现，技术合作性质一般是共性合作。该类产业的创新来源并不固定，2020 年全国企业创新调查数据分析显示，化学原料、医药等非组装型产品的创新来源主要是高校和研究机构。但是，各类芯片产品的创新，以技术实力强的企业为主，其创新来源主要是产业链上下游的企业。共性合作性质会导致合作难度较大，例如，我国芯片制造厂商与上游设备厂商的合作相对困难，早期浸没式光刻技术提出时，曾寻求与美国、日本、德国等多家光刻机厂商合作研发这种浸没式光刻技术。最终，仅荷兰 ASML 公司同意合作并研制成功，实现重大产品创新和市场份额大幅提升。即使不与产业链上下游企业合作，企业与高校、科研机构合作也无法避免技术独占性、知识产权分割等问题。例如，中国 3D 打印材料企业与高校、科研机构研发合作较多，但此类合作多以企业直接购买高校、科研机构的研发成果或委托研发的方式进行，难以真正开展合作研发活动。

（四）产业链协作

研发产生的成果最终转变为产品，依赖产业链上下游企业的协作。产业链协作通常有水平型和垂直型两种形式。例如，制造业中的离散型制造一般是终端整机厂横向整合零部件生产，属于水平型产业链。流程型制造是纵向一环扣一环的加工制造，属于垂直型产业链。平台型服务企业通常以横向整合多种产品或服务为主，例如操作系统同时整合各类应用程序，属于典型的水平型产业链。

水平型产业链可以抽象为上游组件厂商、中游集成厂商、下游应用厂商（或用户）3 个环节，关系链条相对较短，但每个环节涉及的产品种类多、企业数量多，关系复杂。例如，汽车产业链抽象为上述 3 个环节，但一款汽车的零部件多达几百种且相互适配，对应的产业链企业也多达几百家。因此，汽车制造企业的生产管理创新是提高生产效率的重大创新，日本丰田的精益制造和特斯拉的超级工厂均属于围绕产业链的重大管理模式创新。在水平型产业链中，集成厂商通常发挥枢纽作用，连接上游供应商和下游应用厂商（或用户），扮演着产业链链主的角色。由于产业链链条短，供求关系变化传导顺畅，尤其数字化平台更容易形成网络效应并迅速扩大产业规模。典型的是操作系统通过锁定硬件方形成网络效应，实现对软件方的锁定。谷歌于 2007 年联合 34 家手机制造商、芯片厂商和运营商建立"开放手机联盟"，共同开发安卓开源移动操作系统。由于运行操作系统的硬件已大部分绑定安卓系统，基于操作系统的应用软件开发者和厂商也会主动选择安卓系统，丰富操作系统的生态功能，进而又会吸引更多的硬件厂商选择安卓系统，从而形成不断循环扩大的网络效应。

垂直型产业链链条长，但每个环节涉及的产品种类较少。例如，芯片产业包括设计软件、芯片设计、原材料、制造、封装测试等多个上下游环节，每个环节涉及的产品种类相对较少，下游企业的上游供应链企业数量相对较少。垂直型产业链各环节间彼此依赖，链条长、环节多导致上下游技术需求传导时双方匹配的损耗较大，任何一个环节都无法完全主导和协调整个链条，因此不存在严格意义上的"链主"企业，与水平型生产关系行业显著不同。例如，芯片制造企业采用一款新型生产设备，至少需要半年到一年的时间调试磨合。产业链上游设计环节附加值高，决定了芯片产品的性能，但芯片设计企业无法协调整合制造、封装测试等下游环节。如果芯片制造企业的设备性能、工艺水平、产能等不达标，芯片设计企业研发的高性能芯片就无法流片和量产。

当前，全球科技和产业竞争日趋激烈，发达国家和地区争相出台产业政策，大力推动芯片、动力电池、新能源汽车等重点制造业领域发展。为应对激烈的竞争，一方面，我国应充分发挥制造业产业链配套齐备的优势；另一方面，我国也要结合产业的生产关系特征采取相应的政策措施。对于水平型产业链，关键应聚焦整机产品，发挥集成厂商产业链链主的作用，带动上下游协同发展。对于垂直型产业链，产业政策不能局限于某个产业环节，要针对多个重点和短板环节发力，促进产业链上下游集聚发展。

（五）市场需求

过去，学界曾围绕创新是"科学推动"还是"需求拉动"争论不休。如今，学界普遍认为创新是新技术与市场需求的结合。一方面，应用新技术生产的新产品必须走向市场，通过市场获取经济收益，进一步支持产品改进和创新，形成供给和需求相互促进的良性循环。得不到市场青睐，新产品的研发和生产也无法持续。初创企业失败的主要原因是自我"造血"能力不强，产品卖不出去或卖得不够多，也就是需求不足。另一方面，明确的需求能够有效促进产业科技创新。很多初创企业围绕市场需求缺口较大的领域开启创新创业之路，例如，锂电池研发升级是为了满足人们对新能源汽车续航里程的需求。

不同产业的新产品市场需求不同。在互联网高速发展的时期，我们经常听到一种说法——这是 toB 产品还是 toC 产品，即产品是面向企业的还是面向个人消费者的。企业和个人消费者对新产品的关注点不同，企业用户更看重产品的稳定性但对价格相对不敏感，个人消费者更追求产品快速迭代的新鲜感但对价格高度敏感。因此，toB 产业更倾向长期服务少量目标企业用户，与企业用户合作不断打磨产品，以求在业内建立良好的口碑；toC 产业更倾向通过宣传营销提高知名度，并以低价策略迅速抢占市场。

政府支持 toB 和 toC 两类产业科技创新应采取不同的针对性举措。针对 toB 产业的创新支持，政府政策可利用需求侧工具创造需求进而拉动创新。例如，我国的移动通信、高速铁路等领域产业科技创新的成功都离不开大规模需求的拉动作用，美国生物医药产业的成功离不开医保支付制度，其本质是将大范围的个人消费集中到医保消费。针对 toC 产业有效可行的政策工具相对有限，消费补贴是常见的政策工具之一。我国在新能源汽车领域实施消费补贴政策，将消费补贴发放给车企，有效提高了政策效能。

市场需求的差异还体现在需求规模和需求结构上。众多学者研究发现，需求规模与创新投入呈现正相关。理查德·尼尔森提出，产品的预期市场规模影响企业的研发投入，预期市场规模越大，企业的研发投入就越多。迈克尔·波特（Michael E.Porter）认为，在开放参与全球市场竞争的条件下，一国的市场规模对产业科技创新和产业竞争力是极其重要的，在全球市场竞争力强的行业企业必然经过国内大规模市场的激烈竞争。相关企业在竞争压力下不断加大研发投入以增强市场竞争力。例如，日本的汽车产业和我国的移动通信产业，经过国内大规模市场的培育，诞生了竞争力强的大型企业及相关产业集群，成功走向国际市场，提升了产业的全球市场竞争力。

仅有大规模市场需求并不足以驱动创新，需求结构也是创新的重要驱动因素。需求结构包括购买者性质和需求种类两个方面。一方面，购买者性质是指购买者对产品需求是否严格。迈克尔·波特认为，比需求规模更重要的是国内购买者的性质，严格的购买者迫使并刺激厂商不断改进、创新产品。例如，我国手机用户广泛使用视频、直播等新应用，对移动通信网络的速率、时延、连接数密度有更高的要求，推动我国移动通信产业从 4G 向 5G 升级创新。另一方面，需求种类是指购买者对产品的需求是同质化还是多元化的。一般来说，个人消费者虽然数量众多，但对产品的需求相对统一。这类面向个人消费者的产业，通常以一款产品面世，随着个人消费者的需求培育才会产生更多的新需求，但市场大部分产品的基本功能相似，例如智能手机和个人计算机。随着市场需求规模不断扩大且需求相对同质，规模经济效应显著，这一类产业更容易走上创新发展的"快车道"。面向企业用户的产业，企业用户数量有限，但对产品的个性化需求更高，且单个企业用户的需求体量大，对产品供需匹配的话语权更强。这一类产业的需求结构更加多元化，产品标准化难度更大，不利于规模经济的实现。例如，制造企业采用的专用设备、工业互联网等都属于需求多元化的产业。

（六）制度环境

世界各国的制度环境差异影响产业科技创新体系的运行。制度环境既包括正式制度，例如政策、法律、法规等，也包括社会文化长期影响形成的行为准则等非正式制度。一般在探讨产业科技创新体系时，应更关注国家的正式制度，尤其是一国政府是如何介入产业科技创新活动的。

由于国家间的科技创新管理制度不同，同一产业在不同国家创新发展时，政府参与产业科技创新的方式通常也不同。这就导致一国成功的产业科技创新经验被复制到另一国家，会出现不同的管理方式，甚至并不一定成功。例如，美国仿照日本超大规模集成电路项目组建 SEMATECH，但组织方式存在明显差异。日本超大规模集成电路项目由产业主管部门（原通商产业省）牵头，而美国 SEMATECH 由主管创新研发的部门（国防部下属 DARPA[1]）牵头。日本政府牵头部门发挥直接的组织领导作用，而美国政府牵头部门主要发挥引导协调作用。

国家科技创新管理制度可以分为集中型、集中修正型、分散修正型和分散型，详见表 1-2。

表 1-2　国家科技创新管理制度与政府参与产业科技创新的方式

国家科技创新管理制度	政府参与产业科技创新的方式
集中型	专门的科技主管部门，集中参与产业科技创新
集中修正型	专门的科技主管部门，各部门分散参与产业科技创新
分散修正型	科技创新分散在各主管部门，对应产业部门集中执行
分散型	科技创新分散在各主管部门，各部门分散执行

集中型指科技政策集中管理，一般由专门负责科技政策的部门统筹管理各领域的创新活动。在涉及其他部门工作的领域，国家层面通常设置协调机构制定统一的战略规划，由科技主管部门牵头组织实施。集中型制度的政府主导作用大，尤其在后发国家中表现突出。我国在较长一段时间内主要采用集中型制度，中央层面设置国家科技领导小组，负责协调制定国家级创新战略规划，由科学技术部牵头组织重大科技项目。由于科技和产业分别由不同的政府部门集中管理，制度上导致科技与产业分割，容易出现"科技与产业两张皮"的问题。近年来，我国不断完善国家创新体系，对产业科技创新相关的制度安排进行调

1　DARPA（Defense Advanced Research Projects Agency，国防部高级研究计划局）。

整。2023 年，我国推行党和国家机构改革，组建中央科技委员会，加强党中央对科技工作的集中统一领导，统筹推进国家创新体系建设和科技体制改革，其办事机构的职责由重组后的科学技术部整体承担。关于产业科技创新的相关职责划转至工业和信息化部，制度上更加偏向由主管产业的部门集中管理从产业相关的科技创新到产业发展的全过程，促进科技与产业的融合。

分散型指政府多部门分散管理科技创新活动，部门间加强协调共同完成国家科技政策。分散型制度的市场主导作用更大，政府通常以间接方式参与创新活动。例如，美国的科技创新活动由国防部、能源部、商务部、国家科学基金会、美国卫生与公众服务部等多个部门分别管理。美国政府设置了白宫科学和技术政策办公室，负责统筹协调各部门制定联邦层面的战略规划，并由各部门分别执行。分散型制度的优势是产业科技创新更加多元化，相同的产业科技创新领域可能由多个部门分别主管推动，形成不同技术方向和主体间的竞争。例如，早期互联网的研发源于美国高级研究计划局（Advanced Research Projects Agency，ARPA）提出的阿帕网，以及其研制的用于异构网络的传输控制协议 / 互联网协议（Transmission Control Protocol / Internet Protocol，TCP/IP），此后美国国家科学基金会利用 TCP/IP 建立国家科学基金会网络（NSFnet）广域网，高校、政府资助的科研机构等逐步将自己的局域网并入 NSFnet。最终，NSFnet 发展成为互联网主干网，最早的阿帕网逐步退出历史舞台。虽然分散型制度有利于竞争，形成更优的产业科技创新方案，但也容易导致资源分散、重复建设等问题。

集中修正型和分散修正型两类制度融合了集中型和分散型的制度特点。集中修正型指制度集中但向分散修正。例如，韩国科技管理相对集中，由主管科技创新活动的科学技术信息通信部制定国家层面的总体科技创新战略。同时，涉及具体产业的科技创新由各领域主管部门分别组织实施，属于相对分散的管理体制和任务落实方式。20 世纪 70 年代，韩国汽车产业的创新发展直接由主管工商业发展的部门（原商工部）实施相关的战略计划。20 世纪 90 年代，韩国原贸易部、能源工业部和科学技术部共同支持韩国汽车技术学会组织实施"汽车工业技术能力合作开发计划"。分散修正型指制度分散但向集中修正。例如，日本科技管理相对分散，日本政府没有专门设置科技管理部门，文部科学省仅负责高校的基础研究，经济产业省、农林水产省、国土交通省等部门组织实施主管领域从研发到产业化的全过程。

⚙ 新发展阶段我国产业科技创新体系建设面临新形势新要求

当前，在全球新一轮科技革命和产业变革同我国转变发展方式的历史交汇期，我国已具备推进新型工业化、跻身世界制造强国的良好基础和条件。产业科技创新是新型工业化的根本动力。新时代新征程，为以科技创新推动产业创新，大力推进新型工业化，我国现代化产业科技创新体系建设面临新形势新要求。

（一）新起点：我国产业科技创新能力显著增强

企业科技创新主体地位持续强化。 近年来，我国工业企业科技创新意识持续增强，主体地位进一步提升。2022 年，我国成为世界第二大研发投入国，全社会研发投入 3.09 万亿元，其中我国企业研发投入约 2.4 万亿元，占全社会研发投入比重超过四分之三。企业对研发投入增长的贡献达到 84%，成为拉动全社会研发投入增长的主要力量。我国实现技术创新的规模以上工业企业数量达到 27.3 万家，占工业企业总量的 58%。截至 2023 年 12 月，我国累计培育"小巨人"企业 1.2 万家、"专精特新"中小企业 10.3 万家，高新技术企业达到 46.5 万家。

产业科技创新平台建设不断优化。 截至 2023 年 12 月，我国已布局建设

27 家国家制造业创新中心、2 家国家地方共建制造业创新中心和 260 家省级制造业创新中心，网络化制造业创新生态基本形成。全国已建成的 23 个国家自主创新示范区和 178 个国家高新技术产业开发区，成为引领带动产业科技创新的重要力量。

重点产业科技创新发展成效显著。2023 年优势产业持续壮大，"新三样"带动作用进一步增强，"新三样"产品出口额首次突破万亿元。人工智能核心产业规模不断增长，智能芯片、开发框架、通用大模型等创新成果不断涌现。5G、载人航天、大型客机、大型邮轮、高端医疗装备等领域取得一批重大标志性成果。工业母机、关键软件等领域创新实现新突破。新材料、机器人等一批新兴行业快速成长。

自主创新能力不断增强。《中国科技统计年鉴 2023》显示，2022 年，我国设立科研机构的规模以上企业数量连续 4 年实现 10% 以上的增长。我国规模以上工业企业购买国内技术经费支出增长到 600 亿元，已超过引进国外技术经费支出，本土技术在企业创新中的作用日益强化。工业企业技术改造力度持续加大，规模以上工业企业技术改造经费支出达 3968.4 亿元，推动企业高端化、智能化、绿色化、融合化升级的步伐加快。

创新产出水平稳步提高。国家知识产权局数据显示，截至 2023 年年底，我国企业拥有国内有效发明专利份额的 70%，其中，国家高新技术企业、科技型中小企业拥有有效发明专利 213.4 万件，同比增长 24.2%，约占国内企业总拥有量的 3/4。入围专利合作条约（Patent Cooperation Treaty，PCT）国际专利申请人排行榜前 50 位的我国企业，从 2013 年的 4 家增长至 2022 年的 12 家。2022 年，我国企业发明专利产业化率为 48.1%，创近年新高。其中，国家高新技术企业、专精特新"小巨人"企业产业化率分别为 56.1%、65.3%，远高于平均水平。

（二）新形势：新一轮科技革命和产业变革加速演进

新一轮科技革命和产业变革加速演进，创新要素、驱动机制等发生深刻调整，对产业科技创新体系中新组织形态、模式、支持政策的需求加大。信息技术在制造、能源、材料、生物等多个领域加速渗透，技术融合加强，新技术路线、颠覆式创新持续涌现。现代化产业体系从封闭的纵向体系成长为以平台为中心的开放型产业生态体系，呈现全方位、多角度转变，包括核心主体的变化（企业作用提升）、创新要素的变化（数据驱动作用凸显）、驱动机制的变化（技术和市场协同促进）、创新速度的加快等。相应的，产业科技创新也需要新的组织形态（兼具科学、技术和工程化能力）、模式和相配套的政策支持。

从创新范式来看，产业科技创新组织形态发生深刻变革。近年来，技术经济范式的变革迎来了"奇点时刻"。在传统工业时代，垂直一体化的现代化企业是产业科技创新的核心力量，在相当长的一段时期内，创新范式以线性、封闭式为主要特征。从 20 世纪 90 年代互联网引发的创新周期开始，多领域技术融合持续涌现，大量企业以数字平台为纽带开展互补合作，推动现代化产业从封闭的企业体系成长为以平台为中心的开放型产业生态体系，创新范式加速向融合化方向演进。典型的是主体间功能融合，通过中介作用使连接更加紧密。大型企业借助互联网向数字化平台转型，在一定程度上发挥了中介功能；科研机构不仅为企业提供技术，同时也发挥集聚产、学、研等各类创新主体的中介作用。

从创新主体来看，催生新产业新业态要求突出企业科技创新的主体地位。历次的工业革命都是由科技进步引发的，并催生新兴产业，改造传统产业，驱动新一轮增长繁荣。创新是技术可能性与市场可能性的结合。企业是快速整合技术可能性与市场可能性的最佳实践者和主导力量，推动科技进步成果快速工程化、产业化、规模化，塑造了发达国家的产业竞争新优势。近年来，ChatGPT 等技术的颠覆性创新源于企业在新技术发展下的设想与实践。适应和引领新一轮科技革命和产业变革，需要从产业科技创新体系着手，提升创新效能，聚焦重大现实需求，从组织形态和制度建设上强化企业的创新主体地位，充分发挥企业作为出题人、主要答题人和主要阅卷人的作用，加速推进颠覆性创新成果转化为现实生产力。

从创新动力来看，技术驱动和需求牵引相互促进的趋势更加显著。 从技术驱动来看，当前，新一轮科技革命加速演进，正在不断拓展人类前沿科技。人工智能、量子信息、生命科学等前沿科学领域不断获得重大进展。新一代信息技术、生物技术等前沿技术不断取得重大突破，不断创造和培育新需求、壮大产业发展新支柱、挖掘产业发展新空间。从需求牵引来看，产业科技创新的市场导向和应用导向日益凸显。前沿技术日新月异，技术与市场互动持续升级，更多产业科技创新从自由探索向应用导向转变，需求牵引的创新越来越普遍。市场需求为产业科技创新指明了方向，只有符合市场需求的创新才能实现大规模产业化。特别是未来制造、未来信息等未来产业领域，前沿技术创造未来产业市场，市场需求拉动前沿技术进步，两者共同促进未来产业的创新和发展。

（三）新要求：明确产业科技创新体系建设重点任务

党的二十大报告和全国新型工业化推进大会，明确了新时代产业科技创新的新要求，强调坚持创新在我国现代化建设全局中的核心地位，将创新作为新型工业化的根本动力，加强科技创新和产业创新深度融合，为我国建设完善产业科技创新体系指明了前进方向，提供了根本遵循。

优化产业科技创新体系顶层设计。 要坚持系统观念，围绕"为谁创新、谁来创新、创新什么、如何创新"，从制度建设着眼，对技术创新决策、研发投入、科研机构、成果转化全链条整体部署，对政策、资金、项目、平台、人才等关键创新资源系统布局，一体化推进科技创新、产业创新和体制机制创新，推动形成以企业为主体，"产、学、研"高效协同深度融合的创新体系。优化和强化技术创新体系顶层设计，明确企业、高校、科研机构创新主体在创新链不同环节的功能定位，推动创新链、产业链、资金链和人才链的深度融合。

提升产业科技创新体系的韧性和活力。 通过"科技创新引领现代化产业体系建设"，要求以科技创新推动产业创新，特别是以颠覆性技术和前沿技术催生新产业、新模式、新动能，发展新质生产力。新质生产力的关键在于培育新产业、塑造新动能，既包括战略性新兴产业，也包括未来产业。健全产业科技创新体系，形成新技术不断催生新产业新模式的制度环境，激发创新主体活力，以科技创新开辟发展新领域新赛道、塑造发展新动能新优势，是大势所趋，也是高质量发展的迫切要求。

提升产业科技创新体系的整体效能。 通过建立先进技术体系、推广先进适用技术、构建制造业创新网络、提升企业科技创新能力、整合用好各类创新资源，开展全面精准的技术攻关，切实提升产业科技创新体系的效能。以产业科技创新助力改造优化传统产业、巩固延伸优势产业、培育壮大新兴产业、前瞻布局未来产业，最终实现制造业高端化、智能化、绿色化发展。科技领先企业要发挥市场需求、集成创新、组织平台的优势，打通从科技强到企业强、产业强、经济强的通道。

塑造产业内生性创新能力。 当前，我国已进入工业化后期阶段，但产业追赶需要中、高级别的技术突破，此类需求的增加，亟须以自主研发为根本，加快塑造内生性创新型的产业科技创新体系，为跨过后发国家"跟踪模仿陷阱"、推进新型工业化提供动力。这个过程需要政府主动创造技术机会，对于战略技术方向给予大规模稳定资助和必要的国内市场保护，保证企业在学习技术的过程中，缩短技术能力积累周期，扩大市场需求，通过技术标准和行业规范创造连续的技术迭代升级机会，激励企业进行更高水平的自主创新。

新时代新征程，为不断完善产业科技创新体系，要面向基础研究和原始创新培育制造业领域战略科技力量，持续强化企业科技创新主体的地位，促进科技成果转化，推动科技与产业融合发展，真正以科技创新推动产业创新，以科技创新引领现代化产业体系建设，大力推进新型工业化，为中国式现代化构筑强大的物质技术基础。

主体篇

第二章

建设产业战略科技力量

战略科技力量是体现国家意志、服务国家需求、代表国家水平的关键力量，能在重大任务中攻坚克难。各国实践表明，战略科技力量对国家发展和安全利益具有全局性、深远性的影响。产业战略科技力量在产业科技创新发展中发挥战略引领作用，支撑带动产业科技创新发展，践行国家使命、引领全球发展。

⚙ 全球产业战略科技力量主要实践

产业战略科技力量在产业科技创新中发挥着重要作用，但由于各国的创新结构、产业结构和国情背景存在差异，在实践中呈现不同的特点和方式。

（一）美国产业战略科技力量主要实践

美国拥有领先性技术创新和研发能力，能够快速推出具有竞争力的新产品。DARPA、大型科技企业、制造业创新网络等创新主体和载体是支撑美国保持在全球产业科技创新前列的产业战略科技力量。

DARPA 在关键技术领域组织开展前瞻性研究和开发，探索新的科技突破点，对美国保持科技创新引领地位具有至关重要的作用。1957 年，苏联成功发射了人类历史上第一颗人造地球卫星——斯普特尼克 1 号，在美国引起轰动。美国政府意识到国家在技术领域的竞争力的重要性，并坚定需要建立更强大的科技创新机制，加强在航空航天和国防技术等领域的投资。同时期，DARPA成立，美国企业实验室也发展至巅峰。时至今日，美国政府持续加大并保持对研究课题的支持力度，形成 DARPA 与研究型高校、科研机构和大型科技企业合作打造创新生态系统的坚实基础。20 世纪后期，创业文化在硅谷等地兴起，DARPA 扩大任务范畴和技术边界。在政府的大力支持下，DARPA 立足科学的组织设计和弹性的协作模式，吸引顶尖人才担任项目经理，以结果为导向，有效地驱动了创新成果转化。目前，DARPA 负责的科研组织和投资支持为美国产业科技创新提供了大量的技术来源，促进了大批科技创新企业实现技术的商业化，众多与 DARPA 合作的大型科技企业活跃在创新前沿，产业竞争优势不断强化。**在 DARPA 设立的创新机制中，项目经理起到关键节点作用。**这些来自研究型高校、科研机构或产业界的项目经理，不仅具备技术知识、创意构想，还具备建立研究关系网的能力和远见。项目经理将科学家、企业家等聚集起来，通过头脑风暴讨论新的研究方向，创建新兴主题，在进行方案竞争的同时促成合作。互联网最初就是通过"快速营销会议"的方式获得支持。**DARPA 广泛组织科研力量，促进颠覆性技术研发。**DARPA 着眼于未来的需求、想法和概念，关注高风险、高回报的革新性研发项目，通过投资推动关键性技术突破，充分发挥产业战略科技力量的作用，在 DARPA 的组织协调下，社会各专业领域广泛参与创新，高校、科研机构、企业相互协同又各自独立，提高全社会创新效能。例如，DARPA 通过资助研发、举办挑战赛等方式共建创新生态。

　　大型科技企业发挥创新能力，提供新技术和新产品，建立全球化的合作网络和供应链体系，是支撑美国保持产业科技创新全球领先地位的重要科技力量。美国的大型科技企业具备 4 个方面的特点，使它们在一定时期具有战略性，与国家利益高度一致，为产业科技创新发展提供了支撑力量。**一是技术创新和研发能力强。**大型科技企业在技术创新和研发方面具备强大的能力，拥有庞大的研发团队和实验室，投入巨额资金从事前沿技术研究，不断推动科技进步和创新。波士顿咨询公司2023年数据显示，全球最具创新力的50家企业中，有一半来自美国，且排名靠前。榜单前6位[1]均为美国企业，进入前25位的美国企业达16家，入榜10次以上的美国企业达14家[2]。**二是资源整合和跨界合作能力突出。**大型科技企业通常涉及多个领域和产业，拥有跨领域整合和跨界合作的能力，通过组建合作联盟，能够将不同领域的技术和资源整合起来，推动产业科技创新取得突破。例如，由大型科技企业组建的SEMATECH巩固了美国集成电路产业的领先地位。**三是资金投入和市场影响力也较强。**大型科技企业具备雄厚的资金实力和全球市场影响力，它们能够投入大量资金进行长期的技术研发和创新，同时，通过在全球市场的产品推广和销售，产生巨大的经济效益和影响力。万得（Wind）数据显示，过去20年中大部分时间节点，全球市值最高的10家企业，美国企业占比过半。**四是大型科技企业还在创业生态系统的培育方面发挥着重要作用。**大型科技企业通过风险投资、孵化器、加速器等方式支持初创企业和创新项目，培育并吸引创新人才和创业者，促进整个产业的创新和发展。

制造业创新网络是美国应对全球制造业竞争和挑战，加速新工业革命和"再工业化"的产业战略科技力量。2008年国际金融危机爆发后，世界主要发达国家认识到"经济虚拟化""产业空心化"带来的问题，纷纷实施"再工业化"战略，基于自身发展基础和要素禀赋形成差异化的推进路径，以期在新工业革命浪潮中抢占先机。美国自2012年以来持续发布先进制造业国家战略，立足基础科学、信息技术的强大优势，加大先进制造工艺、电子设计制造、智能制造等先进制造技术研究投入，并通过构建国家制造业创新网络，打造多家美国制造业创新研究所（及中心），加速先进制造技术成果转化，跨越技术从

---

1 榜单前6位为：苹果、特斯拉、亚马逊、谷歌、微软、莫德纳。
2 入榜10次以上的美国企业包括：苹果、特斯拉、亚马逊、谷歌、微软、强生、脸书、耐克、IBM、3M、宝洁、通用电气、戴尔、沃尔玛。

研发到产业化之间的"死亡谷",再次构筑高端产业的领先优势。制造业创新网络加快形成产业共性技术,帮助资源对接,促使"政、产、学、研"各方形成产业技术研究联合体,打通研发与制造全产业链,匹配国内落地应用场景与制造主体。**一是为企业提供技术研发支持。**例如,美国先进功能纤维制造创新机构(AFFOA)提供"项目征集合作",向会员企业征集创新想法,并提供资金、设备和供应链支持,以推动创新产品的开发并缩短产品上市时间。智能材料公司 Nufabrx 通过 AFFOA 的"项目征集合作"模式,将该公司原本需要花费的10 年时间缩短至 2 年就跨越了技术创新的"死亡谷"。**二是为企业提供设备支持以加速其技术创新成果的商业化之路。**许多企业拥有用于原型设计和生产工作的高科技设施,加快证实了技术可以在制造环境中转化为大规模生产,帮助企业弥合创新差距。**三是强化本土供应链,为国内制造商提供一条更具创新性、效率、生产力和竞争力的生产经营路径。**例如,美国数字制造与设计创新(DMDII)研究院与特拉华谷工业资源中心(DVIRC)建立合作伙伴关系,为DVIRC 提供技术创新和实施建议,提升中小型制造企业的竞争力,增强供应链的韧性。

(二)德国产业战略科技力量主要实践

德国科研实力雄厚,建立了一批知名的科研型高校、四大科学联合会,培育了西门子、博世等世界知名的创新型领先企业,这些产业战略科技力量是促进德国成为创新型国家的重要依托。其中,**以弗劳恩霍夫协会为代表的应用科研机构是德国最具代表性的产业战略科技力量。**1945 年以后,德国面临着巨大的战争破坏和经济崩溃的问题。为了推动科技创新和技术转移,满足当时的社会经济需求,成立加强"产、学、研"合作、促进应用导向研究的机构势在必行。弗劳恩霍夫协会就是在这一时期由科学家自发组织并得到德国政府资助而成立的非营利性研究机构。弗劳恩霍夫协会的创立旨在将科研成果直接应用于工业生产和市场，在短时间内将研究成果转化为经济效益。弗劳恩霍夫协会最初获得的资助主要来自德国政府，利用向政府筹集的资金和协会成员捐赠的资金，开展与行业相关的研究项目，不仅为德国国防部输出了应用技术，也为德国当时的汽车制造业提供了技术支持。20 世纪中后期，弗劳恩霍夫协会的市场导向增强，不断新增子科研机构，其研究领域紧密结合市场需求，同时提出了"弗劳恩霍夫模式"，即国家资金与弗劳恩霍夫协会的合同研究资金要成比例增加。在此期间，弗劳恩霍夫协会除了为大企业提供技术合作服务，还发起了促进中小企业的项目计划，这个计划成为之后弗劳恩霍夫协会获得规模扩张和树立行业威望的主要因素。目前，政府资金的投入仍然是弗劳恩霍夫协会的主要收入来源。德国政府提供的基本资金、产业界委托合同研发收入、德国政府和欧盟委托研发合同的收入比例趋于 1：1：1。弗劳恩霍夫协会加强与国内外高校与科研机构的合作，围绕颠覆性技术开展研究。人才流动也是弗劳恩霍夫协会独具特色的一项机制。弗劳恩霍夫协会常年与德国各大高校保持密切的联系，吸引学者和学生参与研发等相关工作。基于弗劳恩霍夫模式，每年有 15%～25% 的人员携带技术进入企业开展工作交流，将技术转移到企业生产中。

（三）其他国家和地区产业战略科技力量主要实践

从全球来看，一些国家和地区的研究机构、产业联盟组织、科技领先企业，结合产业发展的战略需求和自身特点，带动技术攻坚和集成创新，研发具有战略性、代表性的创新产品，形成各具特色的相应实践产物。

比利时微电子研究中心（IMEC）产业联盟项目联合攻关模式。IMEC 于 1991 年启动的"产业联盟项目"多边合作体系被公认为是一种成功的国际微电子界研发合作模式。这种面向"竞争前共性技术研究"的合作设计了透明、健全的知识产权规则，其指导思想是成本和风险共担，知识和成果共享，试图避免资源重复、分散投入，通常由几十家存在竞争关系的企业参与，形成多学科大团队的协作攻关，确保相关产业伙伴能在产业市场启动前就做好具有竞争力的新技术与新产品的准备工作。IMEC 对每个应用编程（In Application Programming，IAP）项目集的建立都倾注大量资源并实施前瞻战略规划，每个参加 IAP 的合作伙伴要向 IMEC 缴纳入门许可费用，而且合作研发期原则上不短于 3 年。IMEC 共同打造可再利用的"竞争前战略技术平台"，使得各个合作伙伴可以参与项目集，在共性技术平台上持续形成自己的技术产品和差异化竞争力。

日本产业技术综合研究所（AIST）"多层次研究单元"模式。AIST 分为研究中心、研究所、实验室 3 个不同研究特性的单元，各单元围绕不同的研究领域组成不同的研究部门，可以按照研究计划进行合并、调整，确立了灵活、高度机动性的研究体制。AIST 内部多学科并存，实现了超越研究领域和专业限制的交叉研究，促进了各研究单元间的资源动态协调和交流合作，推动了产业领域融合性研究发展。AIST 组织架构兼顾了产业发展与研发效率，克服了一般公共科研机构的惯性和惰性，增强了科研机构对外部环境的适应能力。

● 我国产业战略科技力量的实践分析

在实践和发展中，我国公共创新平台、科研机构、国有企业等承担了产业战略科技力量的角色，以及不同的功能，形成不同的组织模式。

（一）公共创新平台与产业创新联盟发挥战略枢纽作用

与全球主要国家类似，我国在技术繁复、环节较多、主体多样的新兴产业中，推动并指导组建成立公共创新平台、产业创新联盟等，加速破解技术路线不清晰、需求对接不顺畅、利益诉求不匹配、体制机制不同步等问题，成为促成产业链、创新链高效协同的关键枢纽。

公共创新平台作为枢纽集结多方科技力量。公共创新平台往往具有高度战略性和重大影响力，能够在政府的指导下，联合企业、高校、科研机构等多方科技力量，形成有利于推动技术研究开发、协同攻关、成果转化的创新合力。**一是能够把握技术发展机遇、响应国家战略需求，支撑技术方向选择和发展战略制定。**充分把握5G时代机遇、实现高水平科技自立自强，在工业和信息化部的指导下，我国先后成立TD-LTE工作组、IMT-2020（5G）推进组等公共创新平台，打造推动产业链、创新链深度融合的产业战略科技力量，率先提出5G能力体系，进一步引导全球形成共识，并有力支撑技术路线、频谱规划、组网模式、牌照发放等影响5G发展的重大战略方向和政策举措。**二是充分发挥行业影响力，统筹推进5G产业发展。**IMT-2020（5G）推进组由我国工业和信息化部、国家发展和改革委员会、科学技术部联合推动成立，根据产业需求制定5G技术规范并完善技术体系，统筹组织我国5G产业布局和研究试验。IMT-2020（5G）推进组在系统布局的过程中，充分发挥我国超大规模市场优势，明确5G与垂直行业融合需求和解决方案，开展技术试验与应用示范，全面加快5G应用创新步伐。**三是加强多方科技力量整合，协同推进先进技术研发。**IMT-2020（5G）推进组联合国内科研机构、高校、企业与国外知名企业构建新型"产、学、研、用"合作体系，共同推进5G、6G等技术研究、标准研制、试验验证和成果转化工作。面向国际竞争合作，IMT-2020（5G）推进组积极承担国际标准化组织工作，在国际标准竞争中为中国企业发声，更多地反映中国企业的技术优势，积极主动表达诉求和争取利益，向世界贡献中国方案。

产业创新联盟促进技术共同研发和快速应用。产业创新联盟围绕产业技术创新重大战略、技术和应用开展"产、学、研"合作，促进产业创新的战略性与行业应用的灵活性相统一，有力地整合产业技术创新要素，促进各创新主体高效协同、集成创新。尤其适用于单个环节复杂、中间环节创新型企业集聚、创新生态呈现网状结构、主体间竞合共生关系显著的行业。**首先是组建产业创新联盟，发挥业界影响力，迅速扩大成员规模**。为抢抓工业互联网战略性发展机遇，分类推进企业、行业、区域多层次融合应用，不断健全产业、生态、国际化三大支撑，2016 年，由工业和信息化部指导，工业、信息通信业、互联网等领域百余家单位共同发起成立工业互联网产业联盟（以下简称联盟）。截至 2023 年 9 月，联盟成员单位数量从 2016 年的 143 家（首批）增长至 2556 家，已成为工业互联网领域全球最大的产业生态载体。联盟现设有 16 个工作组、14 个特设组、16 个垂直行业方向、7 个分联盟。**与此同时，联盟瞄准共性技术、前沿技术，开展实验室申报工作，促进"产、学、研"合作，加速新技术的研究、试验验证和转化，以及新模式的推广**。自 2020 年起，联盟开展实验室建设工作，联盟依托相关单位已建设 27 个实验室，覆盖工业互联网的网络、平台、安全、数据、标识等核心领域，成为探索工业互联网技术创新、模式创新和产业孵化的先驱力量。同时，联盟以融合创新、融合应用和融合发展为目标，根据行业发展需要，灵活设立特设组，引导行业发展、加速产业融合。例如，2021 年，联盟将工业无线特设组重组为"5G+ 工业互联网"特设组，加速 5G 与工业互联网的深度融合。联盟特设组致力于搭建产业桥梁，汇聚 ICT 企业、工业企业、科研机构等多方产业界专家，积极总结阶段性发展经验，探求满足工业部署及使用需求的 5G 技术及网络解决方案，探索可复制可推广的应用模式及可持续发展的商业模式，组织开展测试床、应用大赛、案例评选等产业推广活动。**此外，联盟持续发布系列技术文件、组织行业发展大会，成为产业发展的风向标、领航者**。目前，联盟已发布白皮书 100 余份、联盟标准 66 项、在研标准 170 余项，遴选应用案例 225 个、解决方案 105 个，持续释放工业互联网创新驱动效能。此外，联盟以"1+N"模式，每年组织召开具有国际影响力的工业互联网大会和多个专业技术领域活动、地方产业活动等，持续扩大工业互联网共识半径。

（二）公共创新平台加速技术攻关及与产业化衔接

围绕工业和信息化领域科技发展战略目标和重大工程建设需要，工业和信息化部加强重点实验室以及制造业创新中心建设，打通基础研究和应用基础研究、关键技术攻关、产业化应用的一体化链条。

工业和信息化部重点实验室增强工业和信息化领域核心技术竞争能力。 2015—2022 年，工业和信息化部累计公布了 187 个认定的重点实验室，涵盖航空、船舶、新能源、新材料、新一代信息技术等重点领域，推动解决工业和信息化领域行业发展中的技术难题，提高产业创新能力。工业和信息化部大量重点实验室设立在高校（142 个，约占 76%），是开展高水平研发活动、聚集和培养优秀科技人才、进行高层次学术交流和促进科技成果转化的重要基地。工业和信息化部设立在科研机构或由企事业单位联合承建的部级重点实验室（45 个，约占 24%），发挥在产业生态中的优势，加速推动产业链与创新链的深度融合。**一是按照产业技术发展战略目标确定研究方向，有序推进前瞻性、战略性的国家重大科技项目及技术应用。** 例如，部分高校在船舶导航领域围绕国家重大战略需求建立了实验室，在卫星联合增强导航技术、无人航行器智能控制技术和船舶位姿控制技术等方向上开展创新性研究并获取具有自主知识产权的创新成果。该实验室攻关研发的定位系统实现了中国海洋开发动力定位（Dynamic Positioning，DP）测量领域高精度北斗定位系统首次国产化应用，打破了以 GPS 为核心的装备对中国深海平台的技术垄断，并与企业共同开展技术专利申请及行业标准建设，加速推进标准化建设及产业化发展。**二是加快推动产业链与创新链的深度融合发展**，尤其是设立在科研机构或由企事业单位联合承建的部级重点实验室，整合创新资源、拓宽创新辐射范围。例如，我国信息通信领域的重点科研机构发挥在数字孪生、人工智能等信息技术领域的创新优势，联合装备制造业、信息服务商、高校等各业界、学界的伙伴，共同推进新技术与装备融合发展。该实验室基于"孪生模型 + 实时 IoT 数据"，为产业界提供一批基于模型的装备优化解决方案，突破积累一批基于数据科学的装备模型关键技术，并为业界提供标准研制、技术验证、开源社区等公共服务。

三是加强国际交流合作和科技资源共享，面向世界科技前沿打造国际一流成果。 通过积极跟踪国际新技术、争取国际科研资源，部级重点实验室结合自身研究优势实现突破。例如，部分实验室积极展开国内外交流，邀请国外知名大学和科研机构专家来华访问，并多次赴海外进行学术交流，并且联合成立与国际先进水平接轨的研发中心。

制造业创新中心推进共性技术开发、转移扩散和首次商业化。 世界众多国家都在加快研发进程，以缩小科学研究和产业化之间的鸿沟，例如，美国建立制造研究所，英国设立弹射中心。制造业创新中心是我国为补齐制造业共性技术缺失和成果产业化不足的重要举措，主要职责包括两个方面。**一是围绕重点行业转型升级和新兴产业领域创新发展的重大共性需求，突破重点领域关键共性技术瓶颈，改善共性技术薄弱问题，并且加速技术成果的工程化和商业化进程。** 例如，国家高性能医疗器械创新中心承担国家体外肺膜氧合重大攻关任务，已完成系统样机和动物实验验证，离心泵等 4 项产品进入国家应急审批通道。**二是依托"公司 + 联盟"的运行机制，加快汇聚所属领域 50% 以上的国家级创新平台，夯实在细分领域的资源统筹能力，带动形成多层次、网络化的制造业创新合作体系。** 截至 2023 年 12 月，我国已建立 27 家国家制造业创新中心和 260 家省级制造业创新中心，覆盖新一代信息技术、集成电路、机器人、轨道交通、高端医疗器械、智能网联汽车等近 40 个重点建设领域，遍及全国多个省（自治区、直辖市）。总体来看，东部和中部地区制造业创新中心较多，西部和东北地区还相对较少。

（三）科技领先企业加强自主创新、助推换道超车

科技领先企业发挥自身技术、产业优势，促进国家战略竞争领域（例如大型客机、船舶）加快追赶，加速新兴领域（例如新能源汽车）自主创新，在产业科技创新中发挥了重要的战略科技力量作用。

系统集成与网络化协同攻关加速重大创新。面对复杂的国际形势，一些头部企业坚持使命导向，通过系统集成和协同攻关，在产业战略科技领域整合各方资源和优势，实现技术和知识的跨界融合，推动产业链和创新链的深度融合。在大型客机领域，头部企业发挥行业影响力，推动中国设计和系统集成，进一步实现全产业链、创新链的网络化协同攻关，推动国产型客机的技术突破和产业创新发展。**一是在系统集成设计方面，头部企业面向国家战略需求发挥产业影响力，主导技术研发创新和重大工程攻关。**头部企业具有产业链资源整合能力、技术和服务集成能力，充分发挥牵引作用，部分金融机构有力支撑大飞机市场资金链盘活，持续推进大型客机研制重大科技专项。**二是在网络化协同攻关方面，央企与各类产业战略科技力量形成产业关键技术环节的攻关合力。**在全要素协同方面，增强技术研究支撑。头部企业在国家重大科技项目的推动下，建成若干个国家级及省级创新平台、一批企业级实验室及科研机构，凸显科技创新集聚效应。在全产业协同方面，共建研发应用生态。头部企业牵头成立大型客机先进总装技术创新联合体，汇聚 20 余家高校、科研机构、企业，共建大型客机先进总装工艺、软件和生产线装备研发应用生态，打通从科学到技术、从技术到工程的创新链条，推动大型客机与国内相关产业联动高质量发展。在全价值链协同方面，实现产业降本增效。例如，部分企业建立网络化协同平台，汇聚设计、制造、试飞、运维等各环节供应商、服务商和研发人员，打造全生命周期全息"数字飞机"，实现国内跨地区协同研发和制造，研制周期缩短了20%，生产效率提升了 30%，制造成本降低了 20%。

深度融入全球分工与加速产业链升级。船舶产业与大型客机产业相比，更具有全球竞争性特征，我国领先企业面临国际市场的巨大需求潜力和国际先进企业的竞争压力，充分发挥其重大影响力，超前进行战略布局，加快先进共性技术向产业链上下游扩散。总成船舶制造企业多点开花，积极开拓国际市场，依托其资金、技术和市场方面的雄厚基础，与"政、产、学、研"各主体形成合力，主动学习先进技术，打造国际竞争优势。总成船舶制造领先企业不断升级产品功能、优化生产方式，要求上游原材料、配套设备等产业加强自主创新能力，同时，积极促进下游产业提质增效，打造全链协同的战略科技力量。**一是具有重大影响力的领先企业加速创新成果扩散。**这些领先企业承接国际订单，与产业链各环节企业建立合作关系。船舶制造配套环节多、关联度高，总成船舶制造企业服务于国家战略发展目标，统筹协调配套厂、原材料厂及其他主体，集成资源和技术，进行关键领域攻关和优势领域创新，并共享订单收益。这样的合作方式一方面有利于高效地实现创新目标，另一方面有利于可持续地为相关主体增添创新动力。例如，总成船舶制造领先企业依托国际市场影响力，吸引高附加值船型订单，从需求侧牵引配套企业共同加快创新，提升技术水平和生产效率，在大型液化天然气（Liquefied Natural Gas，LNG）运输船舶等领域与韩国积极竞争，带动我国船舶产业逐步升级。**二是领先企业联合各主体推动共性技术研发，打造产业创新生态。**共性技术通常具有高投入、高外部性的特点，需要有力的推动者联合多个主体共同发力。例如，头部企业以大型邮轮、智能船舶等创新工程为牵引，集合科研、设计、生产力量打造完整的产业创新体系。总成船舶制造领先企业主体同时联合高校、科研机构等发起船舶产业联盟，开展关键共性技术的研究工作。大型的总成船舶制造企业具有丰富的生产要素资源，与产业链各环节的关联度高，同时也是造船共性技术的代表和集成者。规模优势和技术优势成为总成船舶制造领先企业发挥产业战略科技力量的关键。**三是技术先进的领先企业持续强化自身优势，形成中国品牌优势。**

这些领先企业瞄准国际市场需求，通过流畅的"研发—生产—销售"路径，不断主动学习、完善生产能力，开发新产品，将技术成果较快地应用于市场，提升国际竞争力，并将所获收益再投资，打造可持续的创新机制。改革开放初期，总成船舶制造领先企业通过国际交流合作、成立合资公司等方式引进技术，在短时间内解决了生产能力问题，成功交付首批符合国际标准的出口订单，以中国香港为突破口打开了海外市场。21世纪以来，国有企业、民营企业积极参与国际竞争，在技术突破的基础上迅速提升造船工艺、优化产品结构，实现了主流船型大型化、系列化、批量化生产，形成中国品牌。

顺应产业变革助推产业自主创新。在国家产业政策、基础设施的支持下，科创企业和在位企业相互促进，加快实现创新成果产业化。在具有较强"技术转轨"特征的新能源汽车领域，整车企业、动力电池企业依托我国超大规模市场、需求侧补贴政策、充电桩等基础设施建设等保障，通过自身研发以及与科研机构的合作，成长为具有国际产业竞争力的产业战略科技力量。**一是具有技术先进性的科创企业确立产业科技创新主体地位。**随着新能源汽车市场逐渐扩大走向成熟，我国具有技术优势的科创企业持续自主创新、主动作为，巩固先发优势。例如，部分整车企业打造了从原材料到整车组装的垂直一体化生产路线，加强全链条研发投入，自建电池工厂，自产零部件，组装整车，稳步提升盈利能力。部分充电服务企业与多家车企展开合作，陆续开发多款动力电池，在政策支持和技术优势的双重作用下获取国际竞争的主动权。**二是具有高度战略性的科创企业实现差异化创新提升全球竞争力。**在全球从燃油汽车向电动智能汽车过渡的"技术转轨"期，我国车企在"发动机＋变速箱"时代的技术劣势被抹平，在"三电系统"时代与外资车企站在同一起跑线上。我国科创企业抓住这一技术变革机遇，在政策需求侧的刺激下，主动布局电动智能核心技术攻坚，推动我国三电核心技术达到国际领先水平，同时打造差异化创新优势，加速全球市场拓展。例如，在动力电池领域，我国部分企业的无模组电池技术（CTP）、刀片电池技术领跑国际市场，实现技术输出。在整车领域不同价格的细分市场，我国部分车企凭借精准的产品定位和快速的车型迭代，保持了规模优势和市场地位。**三是共性技术企业、科研机构加强研究形成适应我国产业发展的标准。**面对不断变化的市场需求，我国持续完善政策，同时出台法律法规及制定标准，规范市场、提振信心，以共性技术为牵引，强化各主体的创新动力。早在 2007 年，我国已发布《新能源汽车生产准入管理规则》，规定了新能源汽车产品量产的门槛和技术标准，稳定了汽车制造企业的市场预期，打造了产业持续发展的良好环境。

⚙ 优化完善产业战略科技力量

为加快推进新型工业化，需要强化产业战略科技力量，加强顶层设计"总体布局"谋划，发挥抓总机构的统筹作用和企业创新主体地位，依托项目载体和区域布局，加快全局性产业战略科技力量的总体提升和重点领域产业科技创新发展。

（一）实施总体设计、分类部署的体系化设计

明确各类创新主体、创新载体在产业战略科技力量体系中的功能定位，发挥不同力量间的战略互补性和能力互补性。发挥科研机构、工业和信息化部重点实验室在前沿技术探索、复合型人才培养和工程技术创新方面的作用；发挥制造业创新中心在产业共性技术研发、科技成果转移转化，以及"产、学、研"协同创新方面的作用；发挥生态型头部企业作为技术创新、集成创新、产品创新、商业模式创新统筹者，中小科技企业孵化带动者，以及"产、学、研"一体化组织者的作用；发挥中小企业在关键设备、零部件和原材料方面的流程创新和工艺创新作用。

根据各类创新主体及创新载体的统筹组织和资源链接能力，推动产业战略科技力量体系协同整合。突出、利用科研机构"国家队"属性，依托重大科技项目，组织上下游科技力量协同攻关。强化科技领先企业的引领作用，鼓励其

参与共建部属重点实验室、申请联合创新基金、牵头产业战略联盟等，依托其集成创新能力、需求牵引作用和跨域平台优势，推动产业链、创新链深度融合。发挥制造业创新中心、产业技术基础公共服务平台的平台组织作用和基础设施共享优势，放大其资源链接效应。

加强情况跟踪与能力评估。动态了解产业战略科技力量的体系化布局情况和协同效能，形成有效的反馈和激励机制，有针对性地提升各类战略主体的关键效能。

（二）强化抓总机构和关键科研机构的研发及服务能力

培育兼具专业性与统筹力的产业抓总机构，发挥系统工程的总牵头与总协调功能。在创新难度大、投入高、风险高的领域，加快研发攻关和产业生态培育，不仅需要企业自发开展，还需要统筹抓总的总体部（院），以系统工程思想为指导，从需求出发，高效组织各类主体，降低自发分散设计和分散决策带来的重复投入研发费用、研制进度缓慢、失败率高等问题。抓住信息通信、人工智能等赋能新型工业化的发展机遇，统筹组织提升全领域创新效能。

推进制造业创新中心高质量建设，提高关键共性技术供给水平。面向工业自主创新需求，健全运行机制，形成与其战略定位相匹配的技术产业实力与自我"造血"能力。**一是加强统筹布局。**重点关注6G、工业互联网、生物医药等技术的发展方向，扩大制造业创新中心在战略性、引领性领域的建设布局。**二是强化硬实力和软实力供给。**在稳步促进成果扩散和提供产业公共服务外，应进一步加强在关键共性技术研发、技术服务平台开放、制造业劳动力培训等方面的职能。**三是支持成熟阶段模式探索。**鼓励有条件的制造业创新中心逐步降低对财政资金的依赖程度，引导地方加大对制造业创新中心的持续性支持，鼓励社会资本参与制造业创新中心建设。考虑在成熟阶段试行"政府领投、商业化运作、风险收益共享"模式，探索将盈利能力和商业化运作水平纳入配套的考核评估指标体系。

在新兴领域探索建立行业共性技术研发联合体。支持有条件的企业、科研机构、高校等联合组建细分行业共性技术平台，整合行业需求、设施资源、技术资源等。参考弗劳恩霍夫协会、IMEC 等先进模式，以贡献程度为标准对关键知识成果的归属进行明确划分，以先进的研发基础设施对产业研发伙伴形成强大的平台吸引力和凝聚力。支持共性技术平台与行业协会、高科技园区等合作，增强人工智能、机器人、工业互联网等共性技术在工业企业，尤其是在中小企业中的应用推广。

（三）进一步发挥各类企业的基础研究和产业化能力

激励行业领先企业提升基础研究能力。支持领先企业牵头或参与国家或省部级重大科技项目，提高前沿技术攻关研发和应用推广能力。鼓励更多领先企业与国家或地区自然科学基金委员会设立企业创新发展联合基金，吸引更多力量参与解决产业界的关键科学问题。支持企业与高校、科研机构共建联合实验室，共享科研基础设施和大型科研仪器等资源，为开展创新活动提供良好的硬件基础。促进创新人才向企业集聚，加大企业人才引进补贴，降低人才引进成本，支持企业与高校、科研机构建立科技人才双向流动机制，促进新理论、新创意、新技术的碰撞交流。

发挥头部企业"链主"作用，带动产业链上下游发展。发挥头部企业带动作用，优化产业链资源配置，促进产业链供应链贯通发展，通过并购、引进、参股等方式，开展产业链整合，在信息联通、产能对接、品牌共建、知识产权和销售渠道共享等方面加强协作，带动中小企业融通发展，加速构建以大带小、以小促大的格局。

第三章

强化企业科技创新主体地位

企业是产业科技创新体系的核心主体，承担一部分的科技研发活动，推动研发成果转化为经济产出。发达国家经验表明，企业科技创新能够触发产业变革，形成本国的产业竞争力。例如，人类第一个晶体管在美国大型企业实验室（贝尔实验室）研发成功，推动美国在半导体领域形成先发优势，进而引领计算机和互联网产业发展。在推动市场经济发展的过程中，我国深刻认识到企业科技创新的重要性。改革开放后，我国加大支持企业科技创新的力度，对企业的定位也从早期的技术改造对象逐步转变为科技创新主体。近年来，虽然我国企业的科技创新的主体地位不断强化，但仍面临原始创新能力不足、科技领先企业引领作用不强、中小企业科技创新基础薄弱等问题，产业各方应根据具体问题进一步强化企业科技创新主体地位。

企业在历次全球产业变革中发挥科技创新主体作用

第一次工业革命以来，人类历史上五次产业变革均由企业推动，确立了企业的科技创新主体地位[1]。

18 世纪 60 年代，英国人发明家兼企业家理查德·阿克莱特（Richard Arkwright）发明水力纺纱机，用机器驱动代替手工纺织。理查德·阿克莱特不断进行技术

1　克里斯·弗里曼，卢克·苏特. 产业创新经济学[M]. 华宏勋，华宏慈，等译. 上海：东方出版中心，2022.

改进，将纺纱机的动力系统转变为水轮机，后升级为蒸汽机。通过专利授权和技术推广，带动英国棉纺产业迅猛发展，建立工业体制，完成第一次工业革命。

1800年，亚历山德罗·伏特（Alseeandro Volta）发明了最早的电池，1831年，科学家迈克尔·法拉第（Michael Faraday）发现了电磁感应现象，发明了第一台电动机。但是，**从科学发现到技术商业化应用，需要企业进一步将其转化为产品，实现其经济价值。**维尔纳·冯·西门子（Werner von Siemens）创建西门子公司、亚历山大·格拉汉姆·贝尔（Alexander Graham Bell）创建贝尔电话公司、托马斯·阿尔瓦·爱迪生（Thomas Alva Edison）创建美国通用电气公司，相关企业的发展推动电科学广泛应用于通信、照明等领域，形成以电气化为主导的第二次工业革命。

19世纪中后期，欧洲和美国化学家成立企业，进一步研究和开发自己的发明，奠定了化学工业基础，推动了化学工业发展。例如，瑞典的诺贝尔发明现代炸药、法国的布林斯开发工业氧、德国的林德开发液态空气蒸馏、美国实现工业电解的道；美国企业杜邦获得诺贝尔炸药专利许可，开启化工头部企业的发展之路；德国大型化工企业拜尔、赫希斯特、巴斯夫都是由化学家管理，**与高校的研究保持密切联系，建立企业内部研发实验室，致力于将科学发现转化为新产品。**这一时期，**企业的科技创新能力进一步提升，实现从创新链前端基础研究、应用研究到后端试验发展的全链条覆盖。**推动以科学家为核心的小规模研发，向企业大规模研发升级。

18世纪，德国和法国推动了汽车的发明和发展进程。此时的汽车动力系统有内燃机、蒸汽机和电动机3种技术路线，生产制造主要依靠人工小规模开展，价格相对高昂。**从新产品到引发产业变革，还需要企业持续开展科技创新，降低成本，实现大范围应用。**汽车生产引入美国后，1908年，美国汽车工程师亨利·福特（Henry Ford）在其汽车厂内开发流水线生产技术，实现规模化批量生产，推动内燃机汽车价格大幅下降，加速汽车推广应用，也使得内燃机在汽车动力系统技术之争中获胜。亨利·福特的成功使美国其他汽车企业引进流水线生产，在一系列兼并重组下，诞生了通用汽车和克莱斯勒汽车两家大型汽车企业。二十世纪五六十年代，在包括福特在内的 3 家汽车头部企业的创新引领下，美国超越法国、德国，成为全球最大的汽车制造国。

20 世纪初，光电效应等现象的发现，促使科学家发明出电子管（真空管）。技术发展早期，电子管被电话公司用作通信线路的电信号放大器件，电子产业开始发展。20 世纪 40 年代，欧美国家的高校和企业基于大量电子管等器件制造电子计算机。**政府采购初步创造市场，**计算机主要面向政府进行数据处理。由于电子管体积大，此时计算机还是庞然大物。直到美国 AT&T 公司的贝尔实验室成功研制出晶体管取代电子管，推动计算机向小型化发展，不仅性能提高，而且价格降低。**在政府采购订单的拉动下，美国培育了一批半导体企业。**英特尔、仙童、IBM、德州仪器等企业持续创新，推动集成电路和芯片发展，使其广泛应用于电子设备控制、存储等部件，为互联网和数字产业的发展奠定了基础。此后，日本企业引入晶体管相关专利，将其应用在消费电子领域，加速大众应用。尤其**日本企业在政府的支持下采用创新联合体的研发组织方式**，在短期内实现对美国的技术追赶和超越，推动日本企业在全球半导体产业占据领先优势。

我国强化企业科技创新主体地位的战略演进

近年来，我国企业科技创新能力持续提升、国际市场竞争力不断增强，我国推动企业科技创新的战略发挥了关键的引领作用。改革开放后，我国稳步推进市场经济发展，逐步引导企业从技术改造对象转变为技术开发主体，从强化企业技术创新主体地位到强化企业科技创新主体地位，企业创新相关政策持续演进。

（一）从技术改造对象到技术开发主体

20 世纪 80 年代，我国大多数企业产能落后、设备陈旧和高新技术欠缺，当时的主要任务是**对企业进行技术改造，以提高企业的经济效益**。为此《关于加强现有工业交通企业挖潜、革新、改造工作的暂行办法》和《国务院关于对现有企业有重点、有步骤地进行技术改造的决定》等政策施行，支持企业进行技术改造，采用新技术、新工艺，提高企业生产能力。从 20 世纪 80 年代中后期开始，伴随科技体制改革，部分科研机构逐步进入企业，企业逐渐具备了一定的技术创新能力。

20 世纪 90 年代，随着经济体制改革的深入，企业的发展不再单一依赖技术改造，更需要科技进步。党中央、国务院强调"科学技术是第一生产力"，提出**逐步使行业和企业成为技术开发的主体**。1992 年，《国家中长期科学技术发展纲领》明确了技术开发主体的定位，主要是增强企业的技术吸收与自主开发能力，推进企业与高校合作，通过科研与生产联合支持企业发展，建立行业技术研究开发中心，为行业技术提供支持。该发展纲领还包括 4 个重点：推动企业，尤其是大中型企业的科技进步，此时我国仍以国有企业为主，中小企业尚不足以成为推动科技进步的重要力量；继续推动科研机构转制或并入企业，发展成为科技型企业，但仍支持一部分科研机构承担行业共性技术研发；推动企业开展研发，改变科技创新完全由国家财政投入的状况，形成财政拨款、企业自筹和金融机构贷款组成的科技投资三大支柱；开始有计划、有重点地发展高新技术产业，建设高新技术产业开发区，支持高新技术企业集聚发展。

1995 年，我国进一步聚焦企业层面的科技进步，出台《中共中央、国务院关于加速科学技术进步的决定》，提出"大力推进企业科技进步，**促进企业逐步成为技术开发的主体**。要把增强企业应用先进技术的活力，提高技术创新能力作为现代企业制度建设的重要内容。"在此前提出的科技投资三大支柱的基础上，更强调引导、鼓励各类企业增加科技投入，使其逐步成为科技投入的主体。同时，为促进科技与产业的融合，科技体制改革更加开放，提出"稳住一头，放开一片"，即稳住少数重点科研机构和高校，放开绝大多数技术开发和技术服务机构逐步由事业法人转变成企业法人。但是，即使推动科研机构改制为企业，也未从根本上解决科技产业相对独立的问题。此时的科技体制改革强调的还是建立以企业为主体、"产、学、研"相结合的技术开发体系和以科研机构、高校为主的科学研究体系，以及社会化的科技服务体系。

（二）从技术开发主体到技术创新主体

世纪之交，科学技术快速发展，经济全球化加快推进，我国深刻认识到高新技术产业和企业发展对综合国力提升的重要意义。1999 年，《中共中央、国务院关于加强技术创新、发展高科技、实现产业化的决定》（以下简称《决定》）出台，首次对技术创新进行明确阐述，并提出**企业是技术创新的主体，要强化企业的技术创新主体地位**。企业作为技术创新主体，不再只是提高经济效益，更要提升竞争力。《决定》对促进企业成为技术创新的主体提出了 6 点布局：国有企业建立健全技术创新机制，提高技术创新能力，助力企业走出困境；大中型企业建立健全企业技术中心，加速科技成果转化为新产品、新技术和新工艺；企业与高校合作，强化技术引进与消化吸收的有效衔接，提高技术配套和自主开发能力；促使企业主动增加科技投入，鼓励大型企业集团投入共性、关键性和前沿性重大科技问题的研发和产业化；持续开展技术改造；乡镇企业提高技术创新能力。

随着市场化改革的深入，民营企业逐步发展成为我国高新技术产业的一支新生力量。《决定》首次提出**支持发展多种形式的民营科技企业，并建立国家科技型中小企业技术创新基金支持其发展**。为强化企业技术创新的主体地位，《决定》还完善了财税和金融扶持政策。尤其在金融扶持方面，在传统信贷支持的基础上，培育更适合高新技术产业发展的资本市场，建立风险投资机制，发展风险投资机构和风险投资基金，加大对高新技术企业的支持力度。

此后，支持企业成为技术创新主体的政策进一步丰富和完善。2006 年，《国家中长期科学和技术发展规划纲要（2006—2020 年）》提出 5 个方面的举措：发挥经济、科技政策的导向作用，使企业成为研究开发投入的主体；改革科技计划支持方式，支持企业承担国家研究开发任务；完善技术转移机制，促进企业的技术集成与应用；加快现代企业制度建设，增强企业技术创新的内在动力（主要针对国有企业和科研机构改制企业，将技术创新能力作为考核指标）；营造良好的创新环境，扶持中小企业的技术创新活动。

这一时期还有两大重要转变：一是中小企业开始步入技术创新的历史舞台，2002 年我国首次制定了专门支持中小企业的《中华人民共和国中小企业促进法》；二是产业与科技统一融入国家创新体系，提出建设以企业为主体、"产、学、研"结合的技术创新体系，并将其作为全面推进国家创新体系建设的突破口。

（三）从技术创新主体到科技创新主体

21 世纪 10 年代初，我国正处于全面建设小康社会的关键时期和深化改革开放、加快转变经济发展方式的攻坚时期。国际科技竞争与合作不断加强，新科技革命和全球产业变革步伐加快，科技创新的重要性更加凸显。2012 年 9 月，《中共中央 国务院关于深化科技体制改革加快国家创新体系建设的意见》印发，提出我国自主创新能力还不够强，科技体制机制与经济社会发展和国际竞争的要求不相适应，突出表现为企业技术创新主体地位没有真正确立，"产、学、研"结合不够紧密，要突出企业技术创新主体作用，建立企业主导产业技术研发创新的体制机制。该文件强调，**"充分发挥企业在技术创新决策、研发投入、科研组织和成果转化中的主体作用，吸纳企业参与国家科技项目的决策，产业目标明确的国家重大科技项目由有条件的企业牵头组织实施"**。

强化企业技术创新主体地位、促进创新体系内主体间协同，成为这一时期的重点政策之一。2016 年 5 月，中共中央、国务院印发《国家创新驱动发展战略纲要》，提出"明确企业、科研院所、高校、社会组织等各类创新主体功能定位，构建开放高效的创新网络""明确各类创新主体在创新链不同环节的功能定位，激发主体活力，系统提升各类主体创新能力，夯实创新发展的基础"。2016 年 8 月，《"十三五"国家科技创新规划》提出，以全面提升企业创新能力为核心，引导各类创新要素向企业集聚，不断增强企业创新动力、创新活力、创新实力，使创新转化为实实在在的产业活动，形成创新型领先企业"顶天立地"、科技型中小微企业"铺天盖地"的发展格局。该文件提出 4 个方面的重大举措：培育创新型领先企业、支持科技型中小微企业健康发展、深化"产、学、研"协同创新机制、推动创新资源向企业集聚。

2018 年以来，世界百年未有之大变局加速演进，国际力量对比深刻调整，全球产业科技竞争日益白热化，科技创新成为国际战略博弈的主场。与过去相比，我国企业技术创新实力大幅提升，但仍然存在关键核心技术不足、底层基础研究和原始创新不足等问题。2022 年 8 月，科学技术部和财政部联合发布《企业技术创新能力提升行动方案（2022—2023 年）》，提出"引导支持各类企业将科技创新作为核心竞争力，为实现高水平科技自立自强、促进经济稳定增长和高质量发展提供有力支撑"。

2022 年 10 月，在党的二十大报告中，企业在国家创新体系中的定位从此前的**"技术创新主体"**提升到**"科技创新主体"**，强化企业科技创新主体地位的要求凝练为"发挥科技型骨干企业引领支撑作用，营造有利于科技型中小微企业成长的良好环境，推动创新链、产业链、资金链、人才链深度融合"，即各类创新主体与企业协同加速各类创新资源向企业集聚。

● 我国企业科技创新主体地位持续提升

经过 30 余年的市场化发展，我国企业不断成长为产业科技创新的主力军，科技创新型领先企业在国际舞台崭露头角，中小企业向"专精特新"发展，企业科技创新主体地位持续强化。

（一）企业成为产业科技创新的重要主体

我国企业从过去主要承担经济生产角色，到融入国家创新体系成为科技创新主力军，在创新投入、创新活动和创新产出方面均有所体现。

1. 企业成为创新投入的重要主体

我国企业持续加大研发投入，已成为国内研发经费投入的主力军。国家统计局和《中国科技统计年鉴 2023》公开数据显示，2002—2022 年，我国企业年度研发经费投入从 708 亿元大幅增长到约 2.4 万亿元，占全社会研发经费投入的比例从约 55% 提高到约 79%，政府的研发经费投入占比从约 31% 下降到约 18%。与美国相比，我国企业的研发经费投入规模仍需加大，2021 年美国企业研发经费投入约 5877 亿美元[1]；我国企业研发经费投入占全社会研发经费投入比例高于美国，2021 年美国占比 74%，低于我国企业同期表现（78%）。2002—2022 年我国政府和企业研发经费投入规模情况如图 3-1 所示。

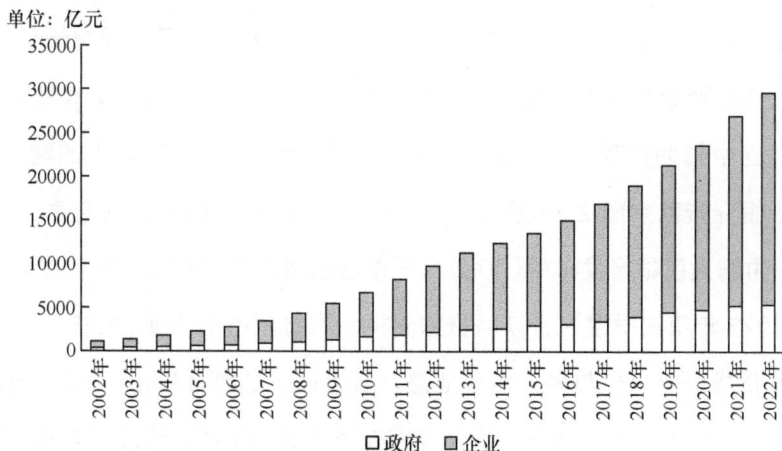

数据来源：国家统计局、《中国科技统计年鉴 2023》

图 3-1 2002—2022 年我国政府和企业研发经费投入规模情况

---

1 美国企业研发经费投入相关数据来自美国国家科学与工程统计中心。

随着技术创新能力的提升，我国企业特别是科技型企业逐步加大基础研究力度、追求原始创新。企业投入基础研究的方式不同。华为 2022 年年报显示，华为"扎根基础研究，建立了 86 个基础技术实验室"。阿里巴巴于 2017 年成立内部研发机构——达摩院，开展基础科学和颠覆性技术研究。腾讯于 2018 年设立"科学探索奖"，面向基础科学和前沿技术领域，每年奖励不超过 50 名中国青年科技工作者，支持开展自由探索。

我国企业研发投入受到政策的有效激励，**特别是与研发投入直接相关的财税和金融政策**。财税政策方面，1996 年，我国开始实施研发费用加计扣除政策，促进国有企业、集体工业企业加大研发投入。随着社会主义市场经济发展，2003 年该政策的覆盖范围扩大到各种所有制的工业企业，2006 年进一步扩大到内外资企业，即各类符合条件的企业均可享受研发费用加计扣除的优惠。在覆盖企业范围扩大的基础上，税收优惠力度也在加大，针对科技型中小企业研发费用加计扣除的比例从最初的 50% 提高到 75%，到 2023 年进一步提高到 100%。2016—2022 年，该政策的年减免税额从 610 亿元大幅增长到约 3979 亿元。在金融政策方面，根据中国人民银行数据，截至 2023 年 6 月末，高技术制造业中长期贷款余额 2.5 万亿元，连续 3 年保持 30% 以上的增速；科技型中小企业贷款余额 2.36 万亿元，连续 3 年保持 25% 以上的增速。2023 年 11 月，中国人民银行发布的《2023 年三季度金融机构贷款投向统计报告》显示，截至 2023 年第三季度末，获得贷款支持的科技型中小企业 21.28 万家，获贷率（即获贷企业户数与名录内企业总户数之比）达到 47%。同时，随着我国资本市场的日渐成熟，我国政府加强以财政资金为引导，设立国家科技成果转化引导基金、国家中小企业发展基金、国家新兴产业创业投资引导基金等政府引导基金，撬动社会资本，支持企业创新发展。

2. 企业成为创新活动的重要主体

我国企业研发投入绝大多数用于企业自行开展创新活动。2022 年，在我国企业研发投入中，约 96% 由企业执行；在全社会研发投入中，约 77.6% 由企业执行[1]。2021 年，在美国企业研发投入中，约 99% 由企业执行；在全社会研发投入中，约 77.6% 由企业执行[2]。中美两国企业研发经费执行指标相近。

企业通常在内部设立研发机构开展创新活动。1992 年，我国企业所属的研发机构仅 7000 多个[3]。2022 年，我国仅规模以上工业企业研发机构已达 15.26 万个[4]。企业开展创新活动也吸纳了大量的研发人员，2022 年，我国企业研发人员全时当量约 500 万人年，约占全社会研发人员总量的 78.7%[5]。在创新活动中，我国企业的合作创新也比较活跃。调查统计显示，2022 年，我国约 42.4% 的规模（限额）以上企业开展创新活动，26.2% 的企业开展创新合作，两者相除可推算，开展创新活动的企业中约 61.5% 的企业进行创新合作。企业主要围绕产业链上下游开展创新合作，合作对象主要是下游客户或消费者、上游供应商及企业所在集团内部的其他企业，企业与高校、科研机构的创新合作相对较少。2022 年我国规模（限额）以上企业创新合作各类对象的占比如图 3-2 所示。

1　我国企业执行的研发经费比例根据《中国科技统计年鉴2023》中按执行部门分组的研发经费内部支出、按执行部门和来源构成的研发经费内部支出计算。

2　美国企业执行的研发经费比例根据OECD研发统计Research and Development Statistics 计算。

3　1992年《国家中长期科学技术发展纲领》。

4　企业创新合作数据源于《中国科技统计年鉴2023》规模（限额）以上企业创新合作开展情况。

5　研发人员全时当量数据源于《中国科技统计年鉴2023》中的执行部门研究与实验发展人员全时当量。

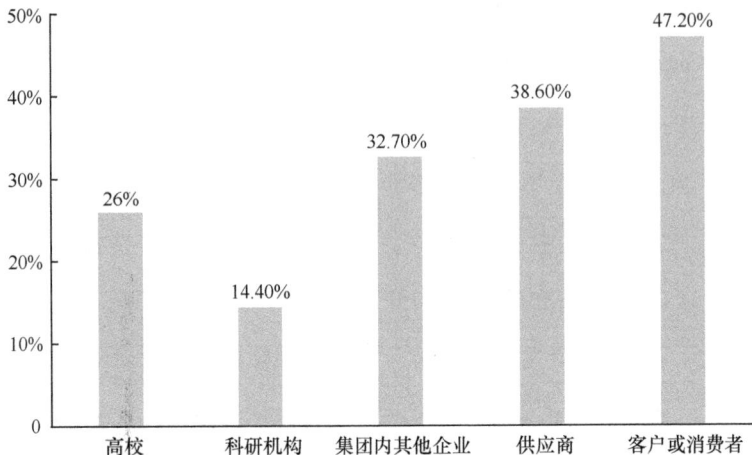

数据来源：《中国科技统计年鉴2023》

图 3-2　2022 年我国规模（限额）以上企业创新合作各类对象的占比

3. 企业成为创新产出的重要主体

企业积极主动开展科技创新，目的是创造经济价值。高校和科研机构的创新产出是论文、研究报告等学术成果，企业的创新产出通常是能够直接带来经济效益的新产品、新工艺，或者是能够转化为新产品、新工艺的专利、标准等成果。随着我国企业持续加大研发投入，开展科技创新活动，创新成果不断涌现，带动我国企业经济收益和国际竞争力提升。

近年来，我国企业不断从模仿创新走向自主创新，在多个重大产业领域实现创新突破。信息通信领域，我国企业在 2G 时代缺乏核心技术，只能购买国外设备，以跟随式发展为主。高昂的成本促使我国企业开展自主研发，通过"产、学、研"合作实现核心技术突破。1998 年，信息产业部电信研究院（现中国信息通信研究院）向国际电信联盟（ITU）提交了 3G 建议标准 TD-SCDMA。到 4G 时代，我国产业界推动的 TD-LTE-Advanced 成为国际标准之一，我国实现与国际并跑。2014 年，我国信息通信领域合作组织 IMT-2020（5G）推进组发布《5G 愿景与需求白皮书》，并布局研发 5G 技术，2019 年率先实现 5G 商业化应用。通过持续创新，我国信息通信领域的企业技术水平不断提升，在信息通信产业链的重要环节诞生了多家具有国际竞争力的科技型大企业。与此同时，我国多个重点领域企业实现创新突破，例如，C919 大型客机投入商业运营，新能源汽车产销量全球第一，"复兴号"高铁大规模投入运用，光伏发电累计装机量全球第一。

我国企业的产品创新建立在大量专利等研发成果的基础上。从国际数据来看，我国企业申请的 PCT 专利数量全球领先[1]。2022 年，全球 PCT 专利申请量排名前 50 的机构中，11 家是我国企业，仅次于日本的 15 家。2008—2022年，我国华为和中兴的 PCT 专利申请量分别有 9 年和 3 年位居全球企业之首。从国内数据看，我国企业是创造专利最多的创新主体[2]。截至 2022 年年底，我国企业持有的有效发明专利约有 232.4 万件，占国内总量的 69.3%，远超高校等其他创新主体。截至 2022 年 12 月底我国有效发明专利情况如图 3-3所示。

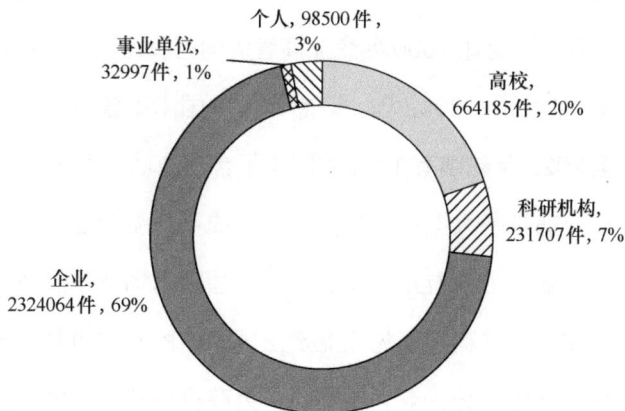

数据来源：国家知识产权局

图 3-3 截至 2022 年 12 月底我国有效发明专利情况

---

1 有关PCT专利的数据源于世界知识产权局。
2 有关国内专利的数据源于国家知识产权局。

（二）科技领先企业在国际舞台崭露头角

在大规模的科技创新投入产出的驱动下，我国不断诞生具有国际影响力的科技领先企业。多个国际权威组织评选出的企业创新榜单显示，近年来进入国际创新排名前列的中国企业持续增加。从创新投入看，《欧盟产业研发投入记分牌》数据显示，2010—2022 年，研发投入进入全球前 500 的中国企业从 12 家增长到 93 家，进入全球前 100 的中国企业从 3 家增长到 17 家。从创新产出看，世界知识产权组织 PCT 专利申请排行榜显示，2010—2022 年，PCT 专利申请量进入全球前 100 的中国企业从 3 家增长到 25 家。一些具有影响力的市场机构榜单同样显示，中国科技领先企业在国际舞台崭露头角。例如，科睿唯安（原德温特）自 2012 年开始每年发布全球百强创新机构榜单，综合评估发明专利数量和质量，评选全球创新前 100 的机构。2015 年，华为作为中国（不含台湾地区）唯一企业首次进入榜单，截至 2023 年陆续有 9 家中国（不含台湾地区）企业进入该榜单。波士顿咨询公司自 2005 年起，每年发布全球最具创新力的 50 家企业榜单，主要基于对全球 1000 名企业高管的同行和跨行评议调查，评选全球创新力排名前 50 的企业。2009 年，联想作为中国（不含台湾地区）企业首次进入榜单，截至 2023 年陆续有 12 家我国（不含台湾地区）企业进入该榜单。

科技领先企业通常是大型终端产品集成商或平台型企业，不仅自身创新实力强，而且带动产业链上下游企业发展，参与国际市场竞争。我国高铁、信息通信和新能源汽车等领域科技领先企业走出国门的同时，也带动上游供应商企业进入国外市场，其中部分企业凭借产品实力获得国外企业的合作订单，成长速度加快。

（三）中小企业"专精特新"发展成效显著

20 世纪 80 年代，市场化民营企业如雨后春笋般兴起。在推动企业成为技术开发主体和技术创新主体时，我国已意识到中小企业对经济社会发展的重要性，并明确指出中小企业的发展方向是"专精特新"。所谓"专"指专业化，强调企业长期专注某一专业领域；"精"指精细化，强调企业精益生产；"特"指特色化，强调企业技术和产品的差异性和独特性；"新"指创新，强调企业开展创新。

1997 年，全国经贸工作会议提出"专精特新"的工作要求。2000 年，党的十五届五中全会通过《中共中央关于制定国民经济和社会发展第十个五年计划的建议》，首次将"专精特新"写入国家五年规划[1]，提出促进中小企业向"专精特新"方向发展。此后，安徽、辽宁、上海等地开始探索培育"专精特新"中小企业。在地方探索经验的基础上，2013 年，首份国家政策出台，《工业和信息化部关于促进中小企业"专精特新"发展的指导意见》印发，推动各地加强中小企业培育。2018 年，在各地培育认定的"专精特新"中小企业的基础上，工业和信息化部提出培育一批专精特新"小巨人"企业，定义此类企业是"专精特新"中小企业的佼佼者，是专注于细分市场、创新能力强、市场占有率高、掌握关键核心技术、质量效益优的科技领先企业。2019 年，中共中央办公厅、国务院办公厅印发《关于促进中小企业健康发展的指导意见》，进一步强调在工业"四基"领域[2]培育一批主营业务突出、竞争力强、成长性好的专精特新"小巨人"企业。

2019 年，工业和信息化部公布第一批专精特新"小巨人"企业。截至 2023 年，工业和信息化部共认定 5 批、累计达 1.2 万余家专精特新"小巨人"企业。根据已公开的前 4 批约 9000 家企业的发展情况[3]，专精特新"小巨

1　2001年3月15日第九届全国人民代表大会第四次会议批准《中华人民共和国国民经济和社会发展第十个五年计划纲要》，其中明确提出"促进中小企业向'专精特新'的方向发展"。
2　工业"四基"领域是指核心基础零部件（元器件）、关键基础材料、先进基础工艺和产业技术基础领域。
3　前4批约9000家企业的发展情况依据中国中小企业发展促进中心、中国信息通信研究院、中国工业互联网研究院联合发布的《专精特新中小企业发展报告（2022年）》。

人"企业的特征明显：一是长期专注核心业务，从事特定细分市场平均时长近16年，主营业务收入占营业收入比例高达98%；二是标准化精细化生产，参与起草制定各类标准累计达1.3万项，67%的企业产品获得发达国家或地区权威机构的认证；三是特色化经营占据市场，主导产品在国内市场占有率介于10%～30%的企业约占48.9%，市场占有率超过30%的企业约占42.7%；四是科技创新力度大，企业研发投入大、强度高，平均年度研发经费达2500万元、研发强度约为8.9%，共建设了10000多个国家级或省级研发机构。

强化企业科技创新主体地位面临的关键问题

当前，我国企业科技创新主体地位不断强化，企业日益成为推动我国科技创新的重要力量。同时，在大国战略竞争态势日益严峻复杂的情况下，企业科技创新仍面临一些突出问题，应针对具体问题进一步强化企业科技创新主体地位。

企业的原始创新能力不足。由于历史因素，我国的工业化起步较晚，企业技术开发通常以引进、消化、吸收和模仿创新为主，缺乏依靠底层技术原理创新推动形成新产品或新工艺的原始创新能力。一方面，企业基础研究能力薄弱。尽管少数科技型大企业近年来加强基础研究，但我国企业基础研究投入总体水平仍处于低位。2022年，我国企业执行的研发经费中仅有0.7%用于基础研究，远远低于美国企业2021年水平（6.7%）[1]。另一方面，科技型大企业研发投入的强度仍不够高。《欧盟产业研发投入记分牌》数据显示，2022年我国进入全球研发投入前100企业的平均研发投入强度为7%，低于全球前100企业的平均研发投入强度为11%。

科技领先企业的引领作用有待加强。近年来，我国诞生了多家具有国际市

1　我国企业基础研究投入比例依据《中国科技统计年鉴2023》数据计算，美国企业基础研究投入比例依据OECD研发统计的Research and Development Statistics数据计算。

场影响力的科技领先企业，但其引领作用尚未充分发挥。一是我国仅在个别产业领域拥有科技领先企业。根据科睿唯安"全球百强创新机构"榜单和波士顿咨询公司"最具创新力的 50 家企业"榜单，我国具有全球影响力的科技领先企业主要集中在电子信息制造、互联网、石化和新能源汽车 4 个产业，美国科技领先企业覆盖航空、汽车、化学材料、电子信息制造、半导体等 10 余个产业领域。二是我国科技领先企业对产业链的协同带动作用不强。长期以来，我国是国外关键零部件、材料等产品的重要市场，我国企业偏好性能稳定、价格相对低的国外产品，难以带动产业链关键环节本土企业。

中小企业的科技创新仍需扶持。中小企业的科技创新能力总体不强，仍是产业科技创新体系中的"弱势群体"。一是中小企业科技创新活动少。《全国企业创新调查年鉴 2022》显示，2021 年中小企业开展科技创新活动的比例约 48.6%，远低于大企业的 73.7%。《2022 年中国专利调查报告》显示，企业规模越小，通过研发获取发明专利的比例就越低，通过转让获取的比例就越高。二是中小企业研发投入资金压力大。《全国企业创新调查年鉴 2021》显示，约 42% 的中小企业研发经费占营业收入比例超过 10%。相比而言仅约 25% 的大企业达到该研发投入强度，中小企业研发投入的资金压力相对更大。

第四章　新型研发机构弥合科技与产业的鸿沟

新型研发机构在我国出现的时间并不长，所谓"新型"不仅表示新近设立，也体现出与传统科研机构的不同。在新型研发机构出现之前，我国研究型机构主要是高校、中央及地方建设的科研机构，这类科研机构主要开展科学探索和基础研究，研究成果距离落地应用还很远。与之相比，新型研发机构主要面向产业需求开展研究和开发活动，推动研究成果加速落地应用，称之为"研发机构"而非"科研机构"也正因如此。根据线性创新理论，从基础研究到产业应用的线性过程中，新型研发机构主要承担连接基础研究和产业应用的功能，着力弥合科技与产业的鸿沟。新型研发机构是因产业需求而设立的，其组织形式相对传统科研机构而言更加多样化，通常以多主体合作的方式建设。当前正值全球创新范式变革向创新生态转变，参与主体开放、组织形式多元更有利于促进科技与产业的融合发展。

产业对技术的需求催生新型研发机构

市场经济发展过程中出现产业技术缺乏问题。 20 世纪 50 年代初，在我国布局的科技创新体系中，中央产业部委所属科研院所作为科技"五路大军"[1]的

1　科技"五路大军"指中国科学院、高校、中央产业部委所属科研院所、地方科研机构与国防研究机构。

重要一支，主要面向产业开展技术研发。彼时的科技创新体系内各主体间的关系相对松散，各部门、各领域条块分割现象突出，研发与生产之间也存在脱节，即科技与产业"两张皮"问题。为解决这一问题，20世纪90年代的科技体制改革推动产业类科研机构改制为企业，试图破解阻碍科技与产业融合发展的"痼疾"。随着我国社会主义市场经济的快速发展，面对激烈的市场竞争，改制后自负盈亏的企业化科研机构需要将更多的精力用于研制自有产品和改善服务，维持自身的生存和发展，弱化了产业技术供给的作用。这导致过去承担具有公共属性的产业共性技术研发机构，转变为研发专有技术的企业。这类企业从过去专注研发，转变为既研发又生产的角色，削弱了技术能力。随着我国不断扩大对外开放、积极参与全球市场竞争，产业共性技术缺失、企业创新能力不足等问题凸显。我国大量企业特别是民营企业，主要从事附加值低、技术含量低的生产制造、加工组装等环节，多数行业领域总体处于全球价值链的中低端。面对跨国企业的技术优势和市场竞争，产业共性技术缺失导致行业、企业竞争力不强，成为核心弊病。

产业技术需求催生新型研发机构。 在我国改革开放"试验田"——深圳，民营经济高速发展，但由于城市建设较晚，当地高校、科研机构配置较少，研发主体缺位、产业技术供给不足问题最为明显，当地产业对技术的迫切需求促使深圳诞生了全国最早的新型研发机构。1996年，深圳市政府与清华大学联合成立深圳清华大学研究院。该研究院架起了高校与产业间的桥梁，开展科技成果转化、技术研发和企业孵化。同样，江苏省产业发展需求带动当地成立众多新型研发机构。较为典型的是江苏省政府支持成立的江苏省产业技术研究院，围绕重点产业领域开展技术研发服务，与本地行业头部企业共建企业联合创新中心，挖掘企业技术需求，对接全球创新资源，寻找技术解决方案。这类面向产业需求开展技术研发和科技成果转化的新型研发机构受到越来越多的关注，各地越发重视技术研发对产业的支撑作用，支持兴办新型研发机构。

产业技术天然需要公共支持。学界共识认为，产业技术具有"公共""专有"双重属性，通常企业需要在一定技术的基础上研发其专有技术，该技术基础一般是具有公共属性的共性技术。例如，互联网技术是企业开发网站的技术基础，晶体管技术是企业设计研发芯片的技术基础。这类技术属于企业竞争前的共性技术，科技型企业溢出性高导致企业研发积极性低，造成市场失灵，决定了共性技术的研发天然需要政府的支持。部分发达国家和地区率先以政府干预的方式建设面向产业技术需求的研发机构，例如，德国的弗劳恩霍夫协会、法国卡诺研究所联盟（Carnot Institutes Network）、美国制造业创新网络（Manufacturing USA）等。以各国争相效仿的弗劳恩霍夫协会为例，其每年收入约 1/3 来自企业研发服务收入，1/3 来自各级政府的研发项目，1/3 来自联邦政府和州政府直接给予的基础资金，用于竞争前共性技术研发，即约 2/3 的资金来源依靠政府资金。

我国新型研发机构的发展历程主要始于沿海经济发达地区地方政府的积极探索，其在产业科技创新中发挥重要作用，引起党中央、国务院的高度重视。2015 年，《深化科技体制改革实施方案》提出"推动新型研发机构发展，形成跨区域、跨行业的研发和服务网络"。2016 年，《国家创新驱动发展战略纲要》提出"发展面向市场的新型研发机构。围绕区域性、行业性重大技术需求，实行多元化投资、多样化模式、市场化运行，发展多种形式的先进技术研发、成果转化和产业孵化机构"。按照党中央、国务院部署，全国各地加快了新型研发机构的建设步伐。截至 2023 年年底，我国新型研发机构已超过 2000 家。

新型研发机构促进科技与产业融合发展

新型研发机构在科技创新体系中的核心作用是连接科技与产业，其主要活动通常围绕创新链布局中后端连接企业的环节，但也不排除开展部分基础研究，以期对产业产生颠覆性影响。本书编写组实地调研北京、广东和江苏的30余家新型研发机构发现，在实践中，新型研发机构主要从事原创性基础研究、产业共性技术研发、企业孵化、服务企业创新发展等活动。

开展原创性基础研究。在可能形成新产业或颠覆现有产业的技术领域，具有资源实力的地区积极部署专门的新型研发机构，开展基础研究，以期获得原创性科技成果。例如，近年来量子信息科学在信息通信领域的颠覆性技术前景受到关注，2017年，北京市政府整合本地顶尖高校资源，率先发起成立北京量子信息科学研究院。该研究院在量子物理、量子信息等领域的理论、材料、器件、通信与计算及精密测量等方面开展基础研究，在相对完善的知识产权体系的基础上，与产业界结合加速成果转化，实现基础研究、应用研究、成果转移转化、产业化等环节的顺畅衔接。华中科技大学（苏州）脑空间信息技术研究院，面向脑与类脑智能研究的重大科学前沿，开展以自主原创技术为核心的规模化、高分辨全脑连接图谱研究并推动成果转化，为攻克脑疾病与发展类脑智能技术提供支撑。**这类新型研发机构的公共属性更强，通常是地方政府支持建设的科研事业单位**。相比传统科研事业单位，新型研发机构的组织形式更突出市场化运营，打破人员固定编制的束缚，采取市场化聘用、知识产权收益分配激励等机制，激发企业科技创新活力。

开展产业共性技术研发。新型研发机构兴起的重要驱动力是开展面向产业需求的技术研发，其中，针对具体企业需求提供研发服务可获得相应收入，面向产业整体的共性技术研发通常以政府科研项目或财政拨款的方式获得资助。**以共性技术研发为主的新型研发机构多由政府或高校、科研院所牵头成立**。例如，中科南京软件技术研究院联合中国科学院软件研究所共同开发开源软件供应链重大基础设施"源图"，建设国内首个开源软件采集存储、开发测试、集成发布、运维升级一体化设施，打造服务全球的开源代码知识图谱和开源软件供应链体系，为芯片、操作系统、机器人等重大产业的软件供应链提供安全保障。同时，随着我国企业研发水平的提升，部分科技领先企业也会自发设立新型研发机构，不仅承担企业内部的技术研发任务，也面向产业需求开展共性技术研发。例如，科大讯飞在广东设立科大讯飞华南人工智能研究院，该研究院一方面从事科大讯飞的人工智能算法无监督训练，另一方面承建"'机器人智能交互'广东省新一代人工智能开放创新平台"，为当地机器人制造业提供多模态交互技术，解决机器人行业企业缺乏人工智能技术和重复投入研发的问题。

以企业孵化促成果转化。 除了面向产业需求开展共性技术研发，另一种促进科技与产业融合的有效方式是通过孵化科技型企业推动科技成果转化。美国通过该方式培育了众多影响全球的科技型企业。我国台湾工业技术研究院也是此种成果转化方式的典型代表，最为知名案例包括基于该研究院的半导体制造技术成果转化，孵化出联华电子、台积电等大型半导体制造公司。**新型研发机构通过与员工共同持股的方式推动孵化初创企业，将科技成果转化为新产品或新服务。** 例如，香港科技大学霍英东研究院孵化企业后，初创企业通过研究院持股、企业委托研发或捐款等方式反哺研究院，形成从科技成果到企业再到技术研发的良性循环。值得注意的是，当前我国多数具有孵化功能的新型研发机构，主要为初创企业提供办公或生产空间，承担的角色更类似创业孵化器而非推动自有科技成果转化。相比传统孵化器，此类新型研发机构具有提供技术研发服务的优势，但是并未创造创新创业的增量，只是在优化初创企业的存量。此外，如果研究院以大规模孵化企业为主营业务，开展技术研发的资源和精力是否充足也是存疑的。

服务企业创新发展。 面对广泛的产业技术需求，新型研发机构自身的研发资源和研发实力可能无法完全承载，但可与国内外其他研发机构建立联系，**汇集优质创新资源，促成"产、学、研"密切合作。** 我国约20%的新型研发机构（发起者包括高校或科研机构）具有相对丰富的研发资源，汇集和利用这些研发资源，可提供更加便利的研发创新服务。同时，**在检验检测、试验验证等环节，**新型研发机构可以为行业企业提供相关设施设备等平台服务，降低企业创新成本。例如，中科苏州药物研究院建设了与药物研发相关的 AI 药物筛选、药效研究、安全性评价等技术平台，为企业提供相关服务。**部分新型研发机构投资初创企业，为初创企业将技术转化为产品提供资金支持服务。**一些新型研发机构在开展内部研发项目时签署研发协议和投资协议，约定部分资金直接以拨付方式投入研发，部分资金在项目开始时转化为一定比例的股权投资。也有一些资金相对雄厚的新型研发机构，引入社会资本专门设立投资基金，在项目转化创业时开展股权投资。股权投资不仅支撑初创企业度过前期高风险研发阶段，也可产生一定的收益回报，提高研发资金利用效率。

新型研发机构 4 种典型建设模式

根据对我国 2000 多家新型研发机构的相关统计调查和本书编写组的调研走访，发现我国新型研发机构主要呈现以下 4 种建设模式。

地方政府引进高校和科研机构共建。早期的新型研发机构主要是地方政府引进高校和科研机构共同发起设立的。这类机构以地方政府出资为主，以事业单位居多，少数为企业法人、民办非企业法人。例如，江苏省在创新能力建设计划中设立 10 亿元新型研发机构建设专项，重点支持中国科学院和国内外知名高校与地方共建重大新型研发机构。地方政府支持建设这类新型研发机构，希望发挥高校、科研机构知识和科技成果的"外溢"作用，打通基础研究与产业之间的通道，提升区域产业技术水平，例如国内最早建立新型研发机构的深圳市。同时，也有部分新型研发机构突出任务导向，承担国家重大项目或重大战略任务，通常更倾向应用类基础研究，例如北京脑科学与类脑研究所主要开展脑科学前沿领域的重大科技攻关。

地方政府引进高端人才团队共建。我国高端科技人才遍布全球，在各自专业领域具有国际一流的研发能力和巨大的影响力。地方政府为发展当地高技术产业，面向全球引进高端人才，建设前沿技术新型研发机构。例如，为促进生物医学科技创新和生物医药产业高水平发展，深圳市成立深圳医学科学院。深圳市不仅提供土地和相关配套设施，而且设立医学科学研究专项经费支持研发。其他经济发达的地方也建有此类研发机构。例如，江苏省成立创新促进机构引进高端人才，政府提供场地、设备、建设资金等支持，核心人才团队持股领办，组建组织形式更为灵活的新型研发机构，典型代表包括江苏省产业技术研究院的工业生物技术研究所、南京航空航天大学浦口先进制造研究院等。这类新型研发机构更有利于发挥研发团队的主观能动性。

地方政府与大型中央企业共建。我国大型中央企业通常具备雄厚的研发实力，特别是改制为企业的科研机构，在地方开展业务的同时可以通过产业链协同发挥技术优势，强化区域产业技术供给。地方政府与此类中央企业合作设立新型研发机构，为地区产业发展和转型升级提供技术支撑。这类研发机构贴近产业实际，又拥有相应的技术研发资源，适合连接科技与产业。例如，中国机械科学研究总院集团以公司制的形式设立江苏分院有限公司，在当地开展材料成型、工业母机、智能制造装备、工业互联网等领域的技术研发、企业孵化和平台服务，在提供企业技术研发服务的同时，也承担中央和地方政府的科技研发项目，并形成产业共性技术成果。

民营企业、社会组织等自建或合建。近年来，我国民营企业的研发能力大幅提升，部分大型科技企业开始从产品研发向创新链前端延伸，开展共性技术开发、基础研究等。一些具备技术研发实力的民营企业积极探索建设新型研发机构。这类新型研发机构的市场导向性强、产业化落地快，通常以企业或社会资本为主投资建设，政府更多采取研发项目委托、普惠性奖补等方式提供支持。例如，江苏省科学技术厅提供专项奖补资金，面向省内所有新型研发机构开放申请，择优给予资金奖励。如今，我国科技体制逐渐开放，部分国家大型科技平台也在探索由民营企业组建的新型研发机构开展运营。例如，华大集团在深圳设立华大基因研究院（现更名为"深圳华大生命科学研究院"），基于基因数据在农业研究中的基础作用，建设和运营国家基因库，为民营企业运营我国大型科技平台提供有益参考。

● 新型研发机构建设的经验和问题

新型研发机构作为我国产业科技创新体系中新生的创新主体，经过20多年的发展，已经具有较大规模体量，也探索积累了一些宝贵经验，有效促进科技与产业的融合发展。同时，与发达国家存续几十年甚至上百年的老牌产业技术研发机构相比，我国多数新型研发机构尚不成熟，在快速发展过程中也存在一些问题。

结合区域资源禀赋布局新型研发机构。不同地区的科技和产业资源及需求存在差异，新型研发机构建设与地区发展特色紧密结合，主要形成3种不同的定位和发展模式。**一是科技和产业资源均丰富的地区，更加重视面向未来进行前沿探索。**北京和上海致力于打造具有国际一流水平的高端研发机构，汇集当地多家高水平高校、科研机构资源，分别建设北京量子信息科学研究院、上海脑科学与类脑研究中心等高端研发机构，开展原创性基础研究，服务于未来产业的培育。**二是产业基础雄厚、科技资源相对有限的地区，更加重视从产业实际需求出发引进科技资源。**广东省本地高水平高校、科研院所资源相对缺乏，不足以支撑当地产业的高质量发展。因此，深圳、东莞等地投入大量资源，引进清华大学、中国科学院大学、香港科技大学等高水平高校、科研机构的科技资源，按照市场化机制在当地建设分支机构，开展产业技术研发和成果转化。**三是高校资源丰富、研发机构较少的地区，更加重视围绕产业需求布局新型研**

发机构。江苏省从生物医药、电子信息制造生产基地，向创新研发驱动的价值链高端转型，对产业技术产生大量需求。江苏省整合了南京、上海和杭州等地聚集的知名高校资源，围绕产业转型升级方向统筹布局新型研发机构，江苏省的新型研发机构发展最快，数量在全国位居第一。

探索出针对新型研发机构的新型管理机制。北京、广东、江苏等地区的新型研发机构发展较成熟，已经形成一套相对标准化的、有别于传统研发机构的新型机制。**一是"新的运行体制"**。打破传统科研机构的体制机制和管理模式，探索与国际接轨的治理结构和市场化运行机制，实行理事会领导下的院（所）长负责制。江苏、广东等地区的部分新型研发机构也在探索尝试团队持股模式。**二是"新的财政支持政策"**。根据新型研发机构的类型和实际需求，财政支持政策探索实行负面清单管理。随着新型研发机构的发展，财政支持逐步从事前资助向事后奖励补助转变，更突出业绩导向。**三是"新的人才聘用机制"**。无论是事业单位还是企业制的新型研发机构，目前多数研发机构已经打破传统科研单位的编制固定、工资额定等模式，实行与国际接轨的人员聘用制、薪酬灵活化等模式，以全职、双聘等方式聘用高端人才，支持人才自由流动。**四是"新的知识产权激励"**。多数新型研发机构承担财政资金支持的研发项目，其成果使用权、处置权和收益权归研发机构或相关研发团队所有，已基本实现自主推动研发成果转化及推广应用。部分地区鼓励以作价投资等形式转化职务科技成果，相关科研人员从中获取的奖励或报酬暂不缴纳个人所得税。通过向研发人员分享知识产权增值收益，有效促进科技成果转化。**五是"新的固定资产管理方式"**。财政资金支持形成的大型科研仪器设备等，所有权归地方国资部门，委托新型研发机构管理和运行，并依法开放共享资源，提高资源利用效率。当企业制新型研发机构寻求上市时，可私有化回购相关科研仪器设备。

顶层设计尚不完善，新型研发机构发展相对散乱。目前，我国新型研发机构建设仍处于地方探索阶段。虽然 2019 年科学技术部发布的《关于促进新型研发机构发展的指导意见》对新型研发机构建设提供了方向指引，但并未明确建设细则。各地方结合自身产业发展需求和科技资源开展先行先试，部分地方出现运动式争抢申报现象，目前已呈现两大突出问题。**一是各地新型研发机构发展水平参差不齐，仅少部分能够充分发挥促进科技与产业融合的作用。**部分新型研发机构技术研发水平不高，主要活动日益与孵化器、检验检测机构等相似。部分新型研发机构追逐热点技术领域，未与当地的产业技术需求形成良好的衔接和匹配。**二是各地新型研发机构孤立分散，尚未形成网络连接的集约式组织。**我国各地新型研发机构存在重复建设、资源浪费等问题。目前，部分省份已经尝试探索省内网络化布局。例如，江苏省产业技术研究院以加盟或共建模式设立 70 多个专业研究所，这些研究所分布在江苏省内多个城市，形成多点联动的网络化布局。

　　财政支持不够稳定，部分新型研发机构经费紧张。产业技术具有一定公共属性，研发风险高和收益不确定导致市场投入积极性低，开展产业技术研发尤其是共性技术研发的新型研发机构需要政府提供基本的研发资金保障。即使是发达国家，相对成熟的研发机构也需要政府的稳定支持。目前，国家层面鼓励地方利用中央引导地方科技发展专项资金支持新型研发机构建设运行，部分经济发达地区也专门设立新型研发机构专项资金。但是，本书编写组在调研中发现，政府资金支持主要集中在新型研发机构建设期，在运营期间，基本采取竞争性研发项目的方式提供研发资助，仅少数新型研发机构获得相对稳定的政府资金支持。即便是广东省这类经济大省，部分开展产业技术研发的新型研发机构也存在经费紧张的问题。

第五章

概念验证中心打通创新成果产业化"最初一公里"

概念验证中心作为一种新型载体，是促进创新成果产业化及发展未来产业的重要平台，主要解决基础研究成果转化过程中"最初一公里"的问题。近年来，我国多个地区结合实际情况开展一系列探索，积极支持概念验证中心建设。

创新成果产业化服务细分化、专业化催生概念验证中心

（一）发达国家概念验证中心起步较早

概念验证中心因促进科技成果转化而诞生。20 世纪 80 年代，美国制定实施《史蒂文森—怀德勒技术创新法》《拜杜法案》，激励高校开展科技成果转化。美国高校技术转移办公室、孵化器、高校科技园等机构数量快速增加，促进高校科技成果产业化。但是，多数高校技术转移办公室以专利申请、技术许可等业务为主，且受限于资金实力、技术水平和市场认知等，针对复杂、前沿科技成果的转化能力相对不强，导致大量相关科技成果未能实现产业化。为加速高校科技成果的产业化进程，概念验证中心在美国高校中应运而生。2001 年，美国加州大学圣地亚哥分校建立了全球第一个高校概念验证中心。2009 年至今，美国持续支持概念验证中心建设，目前全美已经建成 40 余家概念验证中

心，其中，加州大学圣地亚哥分校的冯·李比希中心、麻省理工学院的德什潘德中心等是突出代表。在其他国家和地区，2008 年，新加坡面向高校和公立科研机构启动概念验证资助计划。2011 年，欧洲研究委员会（ERC）开始实施概念验证计划，并纳入欧盟重大研究与创新计划"地平线 2020"。

发达国家政府积极支持概念验证相关活动。发达国家政府主要从 3 个方面支持概念验证活动。**一是提供资金支持建立概念验证中心实体机构，**尤其是在重点领域（例如国防安全、新兴产业）。以美国为例，2010 年美国商务部创新创业办公室牵头、联邦政府多部门形成"i6 挑战计划"[1]，旨在鼓励和支持高校和研发机构创建概念验证中心，每年提供一定的资金支持。美国国立卫生研究院于 2013 年、2015 年相继发起"加速创新中心计划"和"研究评估与商业化计划"两项概念验证中心计划，搭建遍及 19 州的概念验证中心网络。**二是实施概念验证专项计划。**以欧盟为例，ERC 概念验证计划设立概念验证专项资金。任何 ERC 在研究的项目及在概念验证资助计划指南发布时结题未超过 12 个月的项目，只要项目成果具有商业潜力，项目科研人员均可申报概念验证项目，同时必须说明概念验证项目与 ERC 研究项目的关联性。单个概念验证项目的资助金额为 15 万欧元，执行期限不超过 18 个月，主要用于 ERC 项目成果的技术和商业可行性研究、总体发展方向规划、知识产权战略、商业化探讨、后期投资的接洽、成立创业公司的初始费用等。2011 年，ERC 概念验证计划资助金额为 700 万欧元，资助项目数量为 51 个，覆盖 15 个国家。2015—2018 年，ERC 概念验证计划资助金额增至每年 2400 万欧元。2022 年，资助金额达到 5400 万欧元，资助项目数量为 362 个，覆盖 23 个国家。2011—2022 年，ERC 概念验证计划共计资助 1665 个项目，资助金额合计达

1　2011年9月，美国商务部经济发展管理局为6个大学附属的概念验证中心投资1200万美元，以应对挑战和竞争，于2012年再次为7个新成立的概念验证中心各拨款100万美元，并于2014年扩大了对"i6挑战计划"的投资。

到 2.49 亿欧元。**三是提供专项资金支持概念验证相关活动。**以新加坡为例，2008 年，新加坡启动概念验证资助计划，鼓励高校和公立科研机构将基础研究成果转化为市场化产品，成立科技型企业，每个项目最高可得到 25 万新加坡元的资助。2017 年，新加坡政府实施 Startup SG 计划，并推出 Startup SG Tech 赠款，支持创新成果商业化的概念验证和价值证明。2021 年 11 月，新加坡金融管理局推出 FSTI 概念验证补助金，为金融服务部门新兴技术的试验、开发和扩散提供资金支持，单个项目资助金额最高可达 40 万新加坡元，资助期限长达 18 个月。

发达国家概念验证中心一般分为两大类。一是慈善捐赠型。这一类概念验证中心常见于综合或生物医学领域，主要由校友会、个人、基金会等捐赠支持成立。例如，加州大学接受李比希基金会捐助的 1000 万美元，建立了美国第一个高校概念验证中心——冯·李比希中心。麻省理工学院德什潘德中心起步资金由德什潘德夫妇捐赠（1750 万美元），后续资金由校友会、企业家等捐赠。德什潘德中心主要提供 4 个方面的服务：第一，开展项目评估和遴选，由风险投资人、企业家等组成外部导师团队，对项目进行评估；第二，提供初步资金，为每个项目提供 5 万美元进行样品开发，证明成果具有商业价值，资助周期为一年；第三，提供二次资助，为期一年，资助对象主要是已证明商业价值、确定研发路径及知识产权战略的项目，支持探索项目的潜在市场和商业可行性，最终目标是吸引足够投资推进商业化，成立创业公司或实现技术转让；第四，提供多元化服务，包括市场分析、咨询、培训等。经过多年发展，德什潘德中心取得了突出成果，已支持科研人员 400 名左右，提供资金 2000 万美元左右，支持项目 200 多项。其中，49 个项目成立创业公司，占所有项目的 30% 左右，共筹集了超过 8 亿美元的外部融资。**二是政府支持型。**这一类概念验证中心多面向国防、能源等领域，主要由政府支持成立，聚焦与国家利益密切相关的领域。例如，马里兰大学概念验证联盟主要由联邦政府和马里兰州政府资助，由马里兰大学和美国陆军研究实验室联合运营，为部分国防科技项目提供评估。马里兰大学设立了新方向概念验证奖，分别为 1 万～2.5 万美元和 2.5 万～5 万美元两级，支持探索性工作，开拓新的研究领域。再如，佐治亚州政府拨款 1900 万美元，支持佐治亚州 6 所高校联合建立创投实验室概念验证中心。

（二）概念验证中心在我国快速兴起

打通科技成果转化过程中的多个"堵点"，提高科技成果产业化率，是我国实施创新驱动发展战略的重要工作。高校和科研机构承接了大量的国家科技计划项目，集中了众多高端人才，积累了大量科技成果。由于缺乏相应的技术和对产业化前景的分析评估，部分高价值专利等科技成果转化不畅，尚未形成现实生产力。当前，我国正在加快推动科技成果转化特别是高价值专利产业化。作为科技成果转化过程中的"最初一公里"和众多"堵点"之一，概念验证中心的重要性愈加突出。

我国概念验证中心建设起步相对较晚。 近年来，我国部分从事科技成果转化服务的机构，已经嵌入了小范围的概念验证活动。但总体而言，概念验证相关活动在我国起步相对较晚，尚未实现专业化、普及化、标准化。2018 年，西安交通大学依托国家技术转移中心，成立全国高校首个"概念验证中心"。随后，西安交通大学概念验证中心协同西安市碑林环大学创新产业带，联合发起"西安微光创业孵化基金"和第一支概念验证微种子基金，专注于生物及环保、新材料等领域的概念验证。2018 年，北京中关村科学城设立 1 亿元综合专项资金实施概念验证计划，优先支持新一代信息技术、人工智能、医药健康、新材料、先进制造、能源环保等领域概念验证项目。

我国概念验证中心进入快速发展期。 当前，我国加快以科技创新推动产业创新，特别是以颠覆性技术和前沿技术开辟新领域新赛道。前沿性、引领性、颠覆性的重大科技创新成果亟待转化形成现实生产力，概念验证中心的作用日益突出。截至 2023 年年底，我国已有十余个地方发布支持概念验证的相关政策，其中大部分地方将概念验证相关政策纳入综合文件（例如，促进科技成果转化、未来产业发展相关文件），强调加大对概念验证的支持，也有部分地方出台了专项支持政策，例如北京、深圳、成都、杭州、上海等。从总体分布看，大力支持概念验证中心建设的地方主要是高校相对集中、创新成果产出较为活跃的地区，也是未来产业发展较为活跃的地区。例如，北京市支持北航概念验证中心等多个概念验证中心建设，发挥了较好的示范带动作用。

我国概念验证中心建设与国外相比存在 4 个区别。建设主体方面，美国概念验证中心以单一高校或者高校联盟筹建为主，例如，费城大学城"QED[1]概念验证"项目由 15 所高校联合成立。我国建设主体更加多样化，涉及高校、科研院所、医院、企业、新型研发机构等。**资金来源方面，**美国概念验证中心的资金主要来自慈善捐赠、联邦政府和州政府资金、市场营收、民间基金会等，资金来源差异较大。我国概念验证中心的资金主要来自政府补贴、高校自筹等。**政府支持方面，**美国联邦政府和州政府以直接拨款等资金支持为主。我国支持形式更加多样，除资金，还包括人才、场景、用地、项目等。**机构属性方面，**美国概念验证中心主要是以高校内设机构为主，与高校技术转移办公室、孵化器等共同推进成果转化。我国概念验证中心以"事业单位（例如高校、科研院所）内设机构 + 市场化公司"双重组合为主，同时各地方存在一定组合差别。

⚙ 概念验证中心发挥早期科技成果筛选及验证功能

创新链主要包括基础研究、应用研究、试验发展等阶段。概念验证就是对

1　QED（Quantum Electrodynamics，量子电动力学）。

已经取得的基础研究和应用研究成果做进一步的技术可行性与商业可行性的验证，挖掘科研成果的商业价值，并吸引进一步投资，提高科技成果转化成功率，解决基础研究成果在向市场转化过程中的"最初一公里"问题。概念验证中心是科技成果转化服务细分化和专业化的产物。

概念验证中心提供"一站式"服务。概念验证中心构建项目挖掘、项目可行性分析、项目对接、投融资洽谈等"一站式"服务，有效衔接基础研究成果与产业化。概念验证中心主要提供四大类服务，一是验证基金支持服务，二是工艺研发、样机测试、小批量试制等技术服务，三是针对验证后项目的产业化应用服务，四是创新创业专家咨询、创业培训教育等。概念验证活动通常包括两大步骤。**第一步，概念验证项目的筛选**。针对基础研究成果开展可行性分析验证，通过深化设计、专题研讨、专家指导、培训交流等方式逐步淘汰、优中选优，形成一批概念验证优选项目。**第二步，概念验证项目的孵化**。面向优选项目提供资金、技术等服务，一般为期 1 年，验证结束并进行验收后，支持成立创业企业并对接政府种子基金或早期风险投资，正式进入入孵服务阶段。

概念验证中心具有 3 个方面独特性。与技术转移办公室、孵化器、中试平台等机构相比，概念验证中心在服务对象、服务范围、项目来源等方面具有独特性。**一是服务对象更早期**。从服务对象看，技术转移办公室主要面向高校、科研院所内部科技成果，提供技术成果登记、专利申请、技术许可与转让等服务，业务内容偏科技成果管理。孵化器主要服务技术相对成熟或计划成立创业公司的科研团队和项目。中试平台主要针对技术或产品提供服务，服务对象可以是高校、科研院所或各类企业的相关项目。相比而言，概念验证中心聚焦早期科技成果，包括基础研究成果、专利成果、样机等。**二是服务内容更聚焦**。一方面，概念验证中心服务相对前移。孵化器主要为已有产品的初创企业提供场地、融资对接等。中试平台围绕企业产品开发工艺可行性、稳定性和安全性验证需求，提供科研成果的二次开发、工艺验证和试生产等中小试服务，聚焦"产品能不能做出来"。概念验证中心重点开展早期技术凝练分析、场景挖掘、早期团队组建等活动，提供前期资金、知识产权、创业辅导等各方面支持，聚焦"产品能不能活下来"。经过概念验证，准备成立创业公司的项目将进入孵化器。另一方面，概念验证中心服务相对后延。与一般的技术转移办公室不同，概念验证中心服务既包括更前端的项目挖掘，还包括后续的场景提供或创造、创业辅导等。**三是服务方式更主动。**技术转移办公室一般为被动式服务，且项目来源相对单一，主要是有直接需求的科研团队。概念验证中心偏向主动式服务，由点及面主动挖掘项目来源，与研究团队的沟通合作可能覆盖从科研人员到重点实验室，再到二级研究院等。

● 概念验证中心建设的主要内容

概念验证中心在我国属于新型创新平台，在建设过程中需要重点关注建设主体、运作机制、资金来源、项目来源等方面的内容。我国针对部分概念验证中心建设进行了积极探索，并取得了初步成效。

以高校、科研院所和企业等为建设主体。概念验证中心的功能定位决定其必须依靠科技成果产出较多的主体。概念验证中心建设主体通常是高校、科研院所、新型研发机构、医疗卫生机构或企业。政府给予资金、人才、用地等支持，主要分 3 种情况：**第一，**建设主体为高校、科研院所或新型研发机构，主要为有市场应用场景的科技成果提供技术可行性研究、原型制造、性能测试、市场竞争分析、二次开发等服务。**第二，**建设主体为医疗卫生机构，主要加快新药及新型医疗器械的产业化应用，促进形成"产、学、研、医"联合创新模式。**第三，**建设主体为企业，部分企业积极参与"产、学、研"协同创新，独自或联合多方共建概念验证中心。

探索混合型运作机制。概念验证中心一般为非实体组织，其组织架构主要是"高校科研院所内设机构＋市场化平台"。多家高校、科研院所的概念验证中心由技术转移中心、工业技术研究院或其他形式的科技服务公司共同组建而成。具体而言，技术转移中心主要负责项目评审、评估等早期服务，市场化平台主要负责技术咨询、知识产权管理、创业孵化辅导、股权融资等后期服务，团队主要包括专家组和技术经理人。部分概念验证中心创立了创意性验证、可行性验证、商业化验证三维概念验证体系，形成"概念验证大赛、概念验证学院、概念验证服务、概念验证基金"四位一体的概念验证业务。

形成多元化资金来源。概念验证中心的活动具有一定公益属性，且不确定性高，起步期自我"造血"能力不强，通常需要外部资金支持。其资金来源一般为"母体支持＋政府支持＋自我造血"。例如，部分概念验证中心形成4个方面的资金来源：一是高校、科研院所内部设立专项资金，主要用于支持概念验证中心的人员工资和验证活动支出，该类资金稳定性较强；二是概念验证中心在高校、科研院所与企业合作的过程中，按照一定比例设立概念验证专项经费，主要用于科技项目验证支出，资金随机性较强；三是项目股权增值收益，一般是通过项目入股，待验证成功的项目获得市场化资金后获得一定收益，不确定性较高，相应收入主要用于中心后续的可持续发展；四是政府后补助，主要用于支持验证活动支出。

探索丰富的项目来源渠道。部分概念验证中心相对封闭，主要围绕母体高校、科研院所的项目开展服务，但也有部分概念验证中心开放式挖掘项目来源，即围绕某一细分领域，挖掘外部高校、科研院所和企业的项目来源，不局限于所依托单位。例如，部分高校的概念验证中心，在高校端不仅挖掘隶属大学的科研项目，也对接其他高校承担的相关国家级项目或计划，致力于围绕某一专业领域开放式挖掘项目；在企业端主要挖掘早期科技企业、大企业、创新创业协会等与专业领域相关、具有创业潜力的项目和成果。

概念验证中心建设的地方经验及问题

（一）我国不同地方支持概念验证中心建设的经验

为解决概念验证中心建设中的共性问题，我国各地方积极探索采取系列相关举措，包括资金支持、人才支持等。从已经建立的概念验证中心看，基本形成以下 4 种支持模式。

一是事前立项，支持"平台建设＋验证项目"，以北京市为代表。北京市高校和科研院所集中、成果产出活跃、项目资源丰富，政策主要通过事前立项发挥引导作用，在全国形成示范效应。2018 年 10 月，海淀区发布了"概念验证支持计划"，提出支持首批 5 家概念验证中心。2022 年 6 月，北京市科学技术委员会和中关村科技园区管理委员会投入近 5000 万元，支持中央在京及市属高校、科研院所、医疗卫生机构及企业建设 12 家概念验证平台。**一方面，**围绕高精尖产业领域建设概念验证平台。北京科学技术委员会、中关村科技园区管理委员会会给予单个平台每年不高于 500 万元的 3 年滚动支持，并实施年度绩效考核制度。第一年支持金额不超过 500 万元，根据第一年绩效目标完成情况确定第二年支持金额。同时，开展全程项目跟踪管理，及时发现和解决问题，助力平台建设。**另一方面，**支持高校、科研院所、医疗卫生机构与企业等创新主体联合开展"产、学、研、医"协同合作，挖掘具有潜在"市场价值"的早期科技成果，开展技术开发、产品验证、市场应用研究等概念验证活动。根据概念验证项目的技术含量、市场前景等，按照项目总预算30%的比例，给予每年不超过 200 万元的资金支持。

二是构建科技成果转化概念验证网络，以上海市为代表。结合高校和科研院所数量多、科研实力强、国际化程度高等优势，上海市主要采取资金支持、多维度布局、部分区域先行示范等举措构建概念验证网络，主要实行申请制，既支持单独的概念验证中心建设，也要求申请其他类型平台的机构建有概念验证平台，并且提出了明确的考核目标。2021年6月，《上海市促进科技成果转移转化行动方案（2021—2023年）》指出，要支持专业机构开展科技评价、概念验证等服务，试点建立科技成果概念验证引导资金。2021年和2022年，上海市《"科技创新行动计划"科技成果转化服务体系建设项目申报指南》连续两年在专题三"科技成果转化概念验证平台试点"中提出，支持纳入国家和市级技术转移示范机构（含培育）的科研机构设立概念验证专有资金，建立概念验证平台；政府支持金额不超过概念验证资金投入的10%，不超过200万元。2023年，上海市《"科技创新行动计划"科技成果转化服务体系建设项目申报指南》在专题一提出"构建科技成果转化概念验证网络"。一方面，面向高校、科研院所、医疗卫生机构等科研事业单位，以及其他具备条件的主体，支持其建设概念验证中心（非定额资助，拟支持不超过3个项目，每个项目资助额度不超过500万元；要求单位自筹经费与申请资助经费的比例不低于2:1；立项当年支持额度不超过300万）；另一方面，申请其他类型平台（例如大企业开放式创新中心和区域科技成果转化平台），考核指标中均提出建立至少1个概念验证平台或中试平台。

三是实行先建后认择优资助，以深圳市、杭州市为代表。包括深圳市、杭州市在内的我国大部分地方采取先建设、后认定的方式。深圳市市场化程度高、政策空间大、结果导向强，但高校和科研院所资源相对缺乏，主要通过先建后认、择优支持等方式提高政策支持的精准性和实效性。2022年10月，深圳市科技创新委员会印发《深圳市概念验证中心和中小试基地资助管理办法》，提出对高校、科研院所、医疗卫生机构和企业设立的概念验证中心或中小试基地给予资金支持。**资助方式包括认定资助与评估资助两种，资助额度均最高不超**

过500万元。每年在科技研发资金中安排经费，择优进行认定资助和评估资助。

认定资助方面，采取"先建设，后认定"的工作机制。申请单位自主建设、自主管理，建设完成并达到认定条件后，再独立申请认定资助。每年组织开展一次认定资助工作，综合专家评审、现场考察和专项审计的情况，择优确定概念验证中心资助名单及资助金额。同一概念验证中心最多可以申请获得一次认定资助。资助金额按照申请单位经第三方审计机构出具的前两个年度概念验证服务费用予以支持。**评估资助方面**，深圳市科技行政主管部门制定考核评估资助标准，每两年为一个考核评估周期，对通过认定资助的概念验证中心进行评估。概念验证中心评估指标包括验证服务人才队伍建设、技术职业经纪（经理）人培养、验证项目创业孵化和验证服务收益等多个维度。评估结果分为"优秀、合格、不合格"3个等级，前两个等级的资助金额分别不超过500万元、300万元，不合格的责令整改1年，整改期满，评估结果仍为不合格的，取消其市概念验证中心认定资格。同一概念验证中心最多可以申请获得两次评估资助。杭州市高校和科研院所资源丰富、市场化程度高，通过先建后认提高各建设主体申报积极性，设立基金撬动更多社会资本支持概念验证。杭州市《杭州市构筑科技成果转移转化首选地实施方案（2022—2026年）》《构筑科技成果转移转化首选地的若干政策措施》提出，打造全国首个成果概念验证之都，构建科技成果评估、转化、投融资、商业化开发等国内最优的概念验证服务体系。杭州市将设立总规模50亿元的科技成果转化基金，加快科技成果转化和概念验证工作。杭州市科学技术局印发《杭州市概念验证中心建设工作指引（试行）》，指出概念验证中心建设要聚焦3个科技创新高地、15个战略领域和5个产业生态圈，对概念验证中心的认定提出了明确细致的条件（含场地面积、人才、项目清单、基〈资〉金、科技成果产业化等）。概念验证中心建设实行优胜劣汰、动态调整的运行评价机制。杭州市科技部门组织或委托第三方机构对经认定的概念验证中心实施年度绩效评价。《杭州市支持颠覆性技术创新若干政策措施》提出，对列入创建名单的概念验证中心给予 50 万元资助，对经认定的概念验证中心给予最高 500 万元资助。**对比深圳市和杭州市相关政策**，行业领域方面，杭州市明确了概念验证中心的具体行业领域，深圳市未明确；认定条件方面，深圳市对人才团队的要求较多，杭州市对申请单位的自设基（资）金、成果产业化经验要求较多；支持额度方面，深圳市除认定资助外还有评估资助，支持额度相对较高；建设主体方面，杭州市提出支持开放式创新，鼓励概念验证中心建设主体联合产业链上下游有优势、有条件的企业共同建设概念验证中心。

四是提供多维度体系化政策保障，以成都市为代表。成都市支持概念验证中心建设的政策力度大、举措全，对概念验证中心的独立性和可持续发展提出高要求。2023 年，《成都市概念验证中心和中试平台资助管理办法（试行）》出台，提出加快建设布局一批概念验证中心，鼓励各类主体采取联合或独立方式，建设面向社会开放共享的概念验证中心。对获备案的概念验证中心，成都市将从命名授牌、联动支持、人才支持、经费资助等方面提供多维度体系化政策保障。例如，鼓励各区（市）县对辖区内概念验证中心、中试平台予以配套支持，实行差异化土地供应价格和优先保障，构建环境影响评价、能源消耗评价、安全风险评价等审批绿色通道，提供用水、用气、用热、用电、用网等保障。人才队伍方面，对于首次取得技术经纪专业高、中、初级职称并受聘于成都市备案概念验证中心、中试平台的技术经纪（经理）人，成都市分别按 10000 元、5000 元、2000 元的标准补助聘用机构，并规定奖励受聘个人的部分不得低于50%。经费支持方面，对获得备案的概念验证中心，择优给予建设主体 30 万元补助，获备案次年起择优按概念验证中心年度服务性收入的30%给予运行补贴，连续3年累计给予运营主体最高100万元的补贴。部分地方支持概念验证中心方式小结见表5-1。

表5-1　部分地方支持概念验证中心方式小结

典型地方	相对优势	重点解决问题	支持重点
北京	高校、科研院所多，科技项目资源丰富	资金问题，而且是事前资金支持，保障概念验证中心运营	事前立项支持，遴选领域明确，主要支持概念验证中心和概念验证活动
上海	高校、科研院所多，企业开放性、国际化程度强	资金问题，提供财政资金支持，并要求申请单位配套自筹经费；解决量少面窄问题	支持资金逐步增多，支持概念验证平台建设，并将建设概念验证平台纳入其他类型平台建设的考核指标中，形成支持网络
深圳	资金支持力度大，产业需求多	资金问题；评估标准问题	先建后认，除了认定资助，还设立评估资助，制定评估指标，逐步建立标准
杭州	高校、科研院所较多，市场化程度高	资金问题，但主要是要求申请单位配套自筹经费	先建后认，明确设立概念验证中心的重点领域；支持开放共建
成都	高校、科研院所较多，政策力度大	可持续发展问题；各方面配套支持问题	从命名授牌、联动支持、人才支持、经费资助等方面提供多维度体系化政策保障

（二）地方支持概念验证中心建设存在的问题

当前，概念验证中心建设的共性难题主要集中在4个方面。**一是资金支持不够**。部分中心的资金仅能覆盖基本运营成本，但项目的验证和后期支持也需要较多资金。政府财政支持相对面窄，费用有限。政府相关基金由于投资时限相对较短，更倾向投资技术相对成熟的项目。**二是专业型服务人才缺乏**。既掌握技术又了解市场、法律的复合型人才稀缺，尤其是缺乏中高层次复合型人才。此外，在高校、科研院所现有的考核体系中，这些人才在薪酬、工资评定、职位晋升等方面也受到一定限制。**三是概念验证尚未实现专业化、标准化**。目前，技术和商业可行性验证主要通过专家研讨方式进行，部分概念验证中心设计了基本流程，但尚未实现专业化、标准化。部分概念验证中心计划通过数字化平台完善项目评估机制，但实际操作还面临困境。**四是可持续发展机制有待探索。**目前，概念验证中心的建设和运营主体以高校、科研院所为主，总体依靠政府资金支持运作，自我"造血"能力不强。

产业篇

第六章

电动化、网联化、智能化机遇下的汽车产业

进入 21 世纪以来，全球汽车产业从动力系统到驾驶系统掀起一轮深刻的技术革命，引发产业变革和全球竞争格局调整。我国抓住了这次技术机会窗口，成为这轮技术革命中最令人瞩目的国家之一。2015—2023 年，我国新能源汽车产销量稳居全球第一。与燃油汽车时代不同，在新能源汽车时代，我国本土汽车企业快速崛起，占据国内大部分市场份额并逐步走向世界。行业普遍认为，当前汽车产业变革仍在推进，前半场是电动化，后半场是网联化和智能化。我国汽车企业在前半场实现"换道超车"，在后半场的网联化和智能化方面也走在世界前列，近年来，我国多项汽车相关产品和技术获得国际汽车头部企业的青睐。从产业科技创新视角来看，我国汽车产业的崛起和繁荣是时代的必然。

⚙ 汽车向电动化发展的机会窗口

从汽车产业发展史来看，电动汽车不是一个完全新鲜的事物。19 世纪汽车诞生之初，汽车动力源已有蒸汽、电力和燃油 3 种技术路线。20 世纪初，福特 T 型车的流水线批量化生产和美国得克萨斯州原油的大规模开采，大幅降低了燃油汽车的生产和使用成本，推动燃油汽车在早期技术路线之争中胜出。20 世纪 70 年代，伴随着石油危机爆发、汽车尾气污染等一系列问题，美国等汽车大国逐步意识到替代燃油动力的必要性，电动汽车重回人们的视线。

然而，从 20 世纪 70 年代开始支持电动汽车研发到 21 世纪初特斯拉的横空出世，美国近 40 年的电动汽车发展之路并非一帆风顺。**一方面，由于早期技术不成熟，产品性能较难满足市场需求。**20 世纪 70 年代中期，美国诞生了诸如 CitiCar 等电动汽车，但因行驶里程短、性能不佳等因素，这些电动汽车最终退出了历史舞台。**另一方面，从燃油汽车到电动汽车，跨越式技术转变遇到既得利益者的抵触。**20 世纪 90 年代，面对日本汽车产业的崛起和美国汽车产业的衰落，美国试图以技术突破赢得竞争，实施新一代汽车合作伙伴计划（PNGV），支持电动汽车的研发，掀起新一轮电动汽车发展热潮。加州是美国发展电动汽车最快的地区，推出《汽车零排放法案》，明确设置汽车减排时间表。1996 年，通用汽车公司率先推出 EV1 纯电动汽车，在美国市场引起广泛关注。但是，新型动力汽车对传统汽车制造商和石油头部企业的利益造成影响，加州政府被迫放弃《汽车零排放法案》。由于政策环境和商业化不成熟，EV1 纯电动汽车于 2001 年停产。5 年后，特斯拉开始研发制造电动汽车，2008 年其首款电动汽车的面市才真正改变市场。

最早在电动汽车领域进行探索的国家还有日本，20 世纪 70 年代正是日本汽车产业快速崛起挑战欧美企业的时期。日本在发展汽车产业的早期就已经意识到高耗油汽车的缺陷，在研发小排量燃油汽车的同时探索发展电动汽车。1965 年，日本通产省启动电动汽车研发计划，投入巨资支持电动汽车相关技术和产品的研发。1983 年，日本推出纯电动汽车。1997 年，丰田的油电混合动力汽车普锐斯在全球畅销。但是，日本业界认为电动汽车的发电根源仍依赖化石能源，此后更加倾向燃料电池（氢能）技术路线。由于燃料电池技术成熟度较低，商业化进展缓慢，日本逐渐丧失了在电动汽车领域的先发优势。日本在电动汽车领域的失势验证了**创新是技术与市场的结合，过于激进的技术方向可能并不利于创新的成功。**

技术革命引发产业变革往往给后发国家提供换道超车的机会窗口，我国正是抓住了这次机遇加速了汽车产业的崛起。这是一场集聚天时、地利、人和的机遇，**天时在于我国汽车产业发展恰逢动力技术变革**。如果没有这次技术变革的机会窗口，我国汽车企业仍会在燃油汽车赛道继续追赶，将在较长的时间内持续落后于先发国家。我国电动汽车相对美国发展更快的重要原因是，面对跨越式技术创新时，行业新进入者相比在位者的转换成本较少。我国汽车产业尚未形成特别强势的力量阻碍新技术的发展，或者说更多汽车企业反而更期待一场技术革命，因为原技术轨道汽车头部企业的地位难以被撼动，其他企业在新赛道胜出的机会更大。

我国电动汽车产业的快速发展原因还在于地利，彼时我国本土已形成汽车产业的配套基础设施。虽然跨越式技术转变适合行业新进入者，但是完全没有产业基础的新进入者也没有能力抓住机遇。20 世纪 50 年代，我国国有汽车企业成立，通过逆向工程开始制造汽车，并配套建设零部件企业，初步奠定了汽车产业的基础。20 世纪 80 年代，我国开始引入国外头部汽车企业成立合资企业。我国加入世界贸易组织（World Trade Organization，WTO）后，外资车企加速进入我国市场，带动国际头部零部件企业在华合资设厂或代工。2007 年，我国汽车产量首次超过 1000 万台[1]，成为全球最大的汽车制造国。历经 50 多年的发展，我国汽车产业为电动汽车的发展提供了相对完整的配套产业链。

仅靠天时和地利，没有人的主动作为也会错失机遇。我国电动汽车的崛起还有赖于政府的前瞻部署和数代汽车人的不懈奋斗。在 20 世纪 90 年代初的全球电动汽车研发热潮中，我国政府启动新能源汽车的研发，从技术研发到市场推广、基础设施配套等方面坚定不移地支持电动汽车的发展。我国汽车产业也从最初以国有企业为主，到民营造车新势力逐步发展，共同推动我国汽车产业快速崛起。

从产业科技创新体系来看，跨越式技术转变的"天时"、适当产业基础的"地利"和国家制度优势下研发组织和生产销售的"人和"，共同促使我国汽车

1　数据来源：中国汽车工业协会。

产业抓住了汽车电动化的历史机遇。

从新能源汽车到智能网联汽车的升级

新能源汽车发展初期，市场上很多产品只是在传统燃油汽车的基础上实现油改电，将动力系统从内燃机转变为电池和电机。随着一批新汽车企业的诞生，汽车产品的设计和生产打破了传统的机械化思维，各项零部件逐渐广泛采取电子电控，通过联网的方式实现人和物的互动。网联化和智能化使汽车从过去单纯的交通工具，向大型电子消费产品和智能终端演进。

当前，智能网联功能在新能源汽车中的应用速度比其在燃油汽车上的应用速度更快，除了汽车企业希望通过差异化、个性化取得竞争优势，**新能源汽车自身的技术特性也为网联化、智能化提供了更好的应用平台**。新能源汽车以电池驱动，高压线束和连接器承载的功率更大，可以为汽车上的电子设备直接供电，使布局各类网联化、智能化的设备和功能成为可能。事实上，汽车辅助驾驶、线控底盘、车载 T-BOX（Telematics BOX）联网远程控制等智能网联功能在传统燃油汽车时代已经诞生，只是燃油汽车配备的蓄电池功率过低，无法带动大量的电子设备。如果通过燃油发电机供能，那么这种方式不仅效率低，而且难以在非行驶场景中供电。因此，过去只有配置较高的高端燃油汽车才具备智能网联的功能，汽车的电动化发展加速了智能网联的普及。

我国新能源汽车的网联化和智能化已走在世界前列，尤其造车新势力在智能网联领域快速发展，得到国际传统汽车头部企业的高度关注，各方在汽车电动化、网联化和智能化方面加深合作，例如，2023 年大众入股小鹏、Stellantis 集团入股零跑等。**我国汽车能够快速实现智能网联，得益于过去 20 年我国信息通信技术和互联网产业的高速发展**。一批成熟的消费电子产品制造商和大型互联网企业跨界创新，发挥电子制造、软件定义产品的优势，开拓智能座舱、自动驾驶和车路协同等汽车智能网联业务，促进汽车产品升级。同时，我国 4G、5G 网络建设为汽车联网提供了必要的高速网络基础设施，移动互联网的广泛应用已经培养了消费者的使用习惯，使我国消费者相比其他国家消费者更容易接受汽车的智能网联应用。

● 我国汽车产业换道超车的创新经验

在新能源汽车跨越式发展和信息通信技术充分赋能的有利条件下，我国政府抓住机会前瞻布局技术研发、培育市场需求，资本市场为造车新势力注入资金支持，多主体协同、共同发力推动了我国汽车产业的快速崛起。

（一）共性技术研发和标准引领

产业技术研发早期重视关键共性技术多路线探索。新能源汽车发展早期，技术路线并不明朗。20 世纪 90 年代初的全球电动汽车研发热潮，正值我国国民经济和社会发展的第八个五年计划（即"八五"）期间，国家计划委员会当时将"电动汽车关键技术研究"列入重大科技攻关项目。1994 年，胜利客车厂、美国西屋电气公司、国防科学技术工业委员会和北京理工大学等单位合作研发，生产了长度达 12m 的我国第一辆新能源汽车——"远望号"纯电动客车。"九五"期间，我国将燃料电池技术列入国家重大科技攻关项目。"十五"期间，我国设立"863 计划"电动汽车重大科技专项，以"三纵三横"作为新能源汽车的研发布局。其中，"三纵"是纯电动、混合动力和燃料电池三条技术路线；"三横"是汽车动力系统通用的三部分关键部件，即动力电池、驱动电机和动力总成控制系统。**项目研发组织充分结合汽车产业创新主要来自产业链内部的特点，**由整车企业牵头负责，择优选择零部件厂商合作研发，科研院所和高校联合企业参与研发。此后，随着纯电动技术发展更成熟、成本相对更低，纯电动汽车在我国新能源汽车市场逐步占据主导地位，这是市场竞争的结果而非政府选择的结果。相反，日本新能源汽车主推的混合动力和燃料电池，发展相对缓慢。美国特斯拉的横空出世在市场引发现象级消费，进一步确定了纯电动技术成为新能源汽车的主导设计。

产业的主导设计出现后，技术研发从项目制支持向建制化的共性技术研发平台和企业自发主导的研发转变。 纯电动汽车成为新能源汽车的主导设计后，技术发展方向逐渐明朗，企业研发的积极性大幅提高。虽然在"十五"之后，我国仍陆续将新能源汽车相关技术列入多项国家重大研发计划中，但主要研发活动由共性技术研发平台和企业开展。中国汽车工程学会、中国汽车工业协会等行业协会联合产业链上下游企业和高校组建联盟，获得政府支持并建设共性技术研发平台，例如，工业和信息化部支持建设的"国家智能网联汽车创新中心"和科学技术部支持建设的"国家新能源汽车技术创新中心"。同时，企业自主研发力度不断加大，例如，新能源汽车企业比亚迪的研发费用从 2010 年的 20 亿元增长到 2022 年的 200 亿元[1]。造车新势力蔚来与自动驾驶研发公司 Mobileye 合作研发自动驾驶系统，与高校共建联合实验室，并面向全球征集科研合作项目，在汽车网联化、智能化领域持续探索。

以技术标准捍卫技术领先优势。 电动化技术路线在我国市场竞争中逐步胜出，其市场占有率大大高于混合动力汽车，燃料电池汽车尚未实现市场化。为保护国内电动汽车的先发优势，与日本通过限制进口实现本土保护不同，我国政府将行业标准作为提高国外汽车进口的"软门槛"。2011 年，我国颁布电动汽车充电接口和通信协议等国家标准，规定国外电动汽车进入我国市场必须符合国家标准。

（二）培育和激发市场需求

时至今日，国际社会仍有声音认为，我国新能源汽车的发展是依靠政府补

1　数据来源：比亚迪2010年年报和2022年年报。

贴实现的。本书并不否定政府补贴对我国新能源汽车产业发展的作用，政府补贴有效拉动了新能源汽车的需求，进而对供给端的生产起到积极作用，形成从技术推动向需求拉动的良性互动和循环。但从历史视角来看，我国政府不断完善补贴政策以引导汽车市场健康发展，并在市场相对成熟后取消补贴，这使市场受到了短暂的冲击，但迅速回归增长，进一步证明我国新能源汽车产业的政府补贴仅在初期发挥培育市场的作用，中后期更多依靠市场自身的发展。

商业化初期通过公共采购支持产品创新。2008 年，美国特斯拉推出首款电动跑车 Roadster，我国比亚迪也推出了第一辆纯电动汽车 E6，拉开纯电动汽车市场竞争的帷幕。这一年，北京奥运会和残奥会响应"绿色奥运、人文奥运、科技奥运"理念，投入和示范运行 595 辆混合动力、纯电动、燃料电池新能源汽车，总载客人数超过 300 万人，获得社会各界积极反响[1]。此时，新能源汽车尚不成熟，续航里程不足，成本过高，难以形成大规模的市场需求，2008 年全年，我国新能源乘用车销量仅为 899 台[2]。为了推动新能源汽车产业发展，2009 年，我国政府开启"十城千辆节能与新能源汽车示范推广应用工程"，通过公共采购，在公交、出租、公务、环卫和邮政等公共服务领域率先推广使用节能与新能源汽车。**公共采购不仅支持整车企业，同时也带动了汽车产业链上一批核心零部件企业的发展。**

消费补贴拉动大规模市场需求。2010 年，我国在 5 个城市开展私人购买新能源汽车补贴试点，对个人购买新能源汽车给予一次性补助，随后不断扩大试点范围直至全国推广。消费补贴政策制定之初即设定了退坡机制，每家企业销量达到 5 万辆后降低补助标准，对不同技术路线的新能源汽车给予公平支持，按照纯电动、混合电动和燃料电池汽车的实际成本分别给予不同额度的补助。另外，我国政府要求非私人用户购买新能源汽车累计行驶里程超过 3 万千米，以防止企业虚构销售，并提高汽车的能耗、续航里程和安全性能等指标，推动企

1　数据来源：2008 年《科技部与北京市进行新能源汽车奥运示范运行小结》。
2　数据来源：中国汽车工业协会。

业积极创新。值得肯定的是，2013 年我国新能源汽车消费补贴试点范围扩大后，新能源汽车销量大幅提升，2014 年和 2015 年全国销量同比增幅均超过 300%[1]。随着市场规模的不断扩大，消费补贴从最初纯电动乘用车每辆 6 万元、混合动力乘用车每辆 5 万元逐步退坡。2022 年，我国新能源乘用车销量达 688.7 万辆，2023 年消费补贴正式退出历史舞台[2]。

主动引入知名外企激发国内市场活力。由于我国本土车企在燃油车时代主打中低端市场，较难在短期内改变消费者心中的"低端化"形象，新能源汽车亦是如此。因此，仅靠本土企业内部竞争难以快速创造和引领消费热潮。2012 年，我国主动引进已经在世界引起广泛关注的特斯拉电动汽车，特斯拉电动汽车迅速在市场引发了类似"苹果"手机的现象级消费，电动汽车在消费者心中的形象逐渐具有科技感和高端化特征。特斯拉的入市也激起了国内一批创业者的关注，蔚来、小鹏和理想等造车新势力均在特斯拉进入我国市场后成立。在特斯拉和造车新势力的带动下，我国新能源汽车从过去重点关注动力电池等技术，逐步向自动驾驶等网联化和智能化的方向升级。

（三）资本助推新企业诞生

我国汽车产业崛起的一大亮点是催生了多家民营造车新势力企业，充分的市场竞争激发了产业活力，这不得不提到背后的资本助推作用。特斯拉进入我国市场后，一批新能源汽车创业企业诞生。2015 年左右，风险资本开始大力投资我国新能源汽车创业项目，蔚来、小鹏和理想等造车新势力均于 2015 年获得巨额天使轮融资。此后，创业投资基金和大型企业集团持续加大投资力度，据不完全统计，2014—2021 年，我国新能源汽车产业累计获得股权融资约达 7500 亿元，为产业发展提供了充足的资金支持。2014—2021 年我国新能源

---

1 数据来源：中国汽车工业协会。
2 燃料电池汽车尚未实现商业化，仍有补贴，但补贴额相对2009年也大幅下降。

汽车产业股权融资情况如图 6-1 所示。

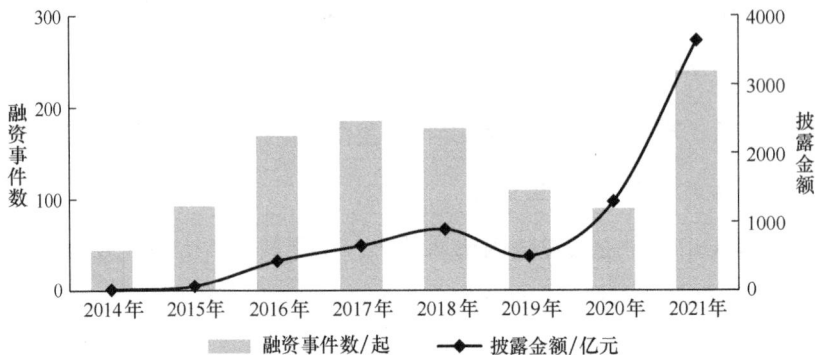

数据来源：企查查

图 6-1　2014—2021 年我国新能源汽车产业股权融资情况

产业主导设计，风险投资加注产业发展，上市融资促进规模扩张。电动化成为新能源汽车主流技术路线后，风险资本逐步加大产业投资力度，例如蔚来、理想和小鹏在上市前 3 ~ 5 年均经历多轮融资，各家融资总额均超过 100 亿元。然而，对于尚未盈利的重资产大型制造企业而言，100 亿元融资规模仍不足以支撑一家企业实现规模化发展。2018 年后，我国造车新势力企业在资本的加持下寻求上市融资。以蔚来为例，上市后 6 年累计在资本市场获得超过 800 亿元的融资，其汽车销量从 2018 年上市当年的约 1.1 万辆，增长到 2022 年的 12.3 万辆[1]。即使蔚来汽车尚未通过企业经营实现盈利，但早期的风险投资和上市后的融资为企业的规模化扩张提供了充足的资本。

持续以科技创新引领汽车产业做优做强

从产业发展规模来看，我国已是名副其实的汽车大国，尤其近年来，我国抓住电动化、网联化和智能化技术变革的机遇，新能源汽车的产销量保持全球第一，

1　数据来源：蔚来汽车历年年报。

其中，约 80% 的产销量由我国本土汽车企业贡献。但是，从产业发展效率来看，2022 年，我国新能源汽车产业链全要素生产率与国际一流水平还存在约 5% 的差距[1]。我国从汽车大国向汽车强国迈进，需要进一步提升全产业链的整体竞争力，扩大产业的国际影响力，同时应持续推动科技创新引领产业发展。

（一）上下游协同打造更具韧性的产业链供应链

我国汽车产业高速发展的背后是企业技术水平和创新能力的日益提升，以及产业链上下游企业的协同发展。虽然我国企业在新能源整车、动力电池、电机、自动驾驶系统等诸多颠覆传统汽车技术路线的新兴产业环节走在世界前列，但是从燃油汽车沿用而来的线控制动、热管理系统、涂料等精密制造和材料、芯片、传感器等零部件，以及电控相关的软件等，我国企业仍处于相对落后的位置。我国新能源汽车产业链各环节全要素生产率与国际一流水平比较的 TFP 分值如图 6-2 所示。

世界汽车强国的经验表明，整车企业可以有效带动本土形成配套供应链，打造整体强势的汽车产业链。例如，日本汽车芯片产业发展晚于欧美，但是依托本土大型车企的带动作用，后期日本汽车芯片产业实力已进入世界前列。市场需求是促进科技创新的关键驱动力之一，产品必须经过市场反馈不断迭代升级，我国超大规模市场优势为创新提供沃土。但是，现阶段我国整车企业为追求品牌宣传及规避产品风险，在国内部分短板领域更倾向选择国际头部车企的产品，不利于培育本土产业链企业。整车企业应发挥链主的带动作用，为本土供应商提供市场机会；本土供应链也应快速响应迭代，共同打造自主品牌的供应链体系，增强产业链供应链的韧性。

1　中国信息通信研究院《电动化、网联化、智能化时代新能源汽车产业链全要素生产率报告（2023 年）》。

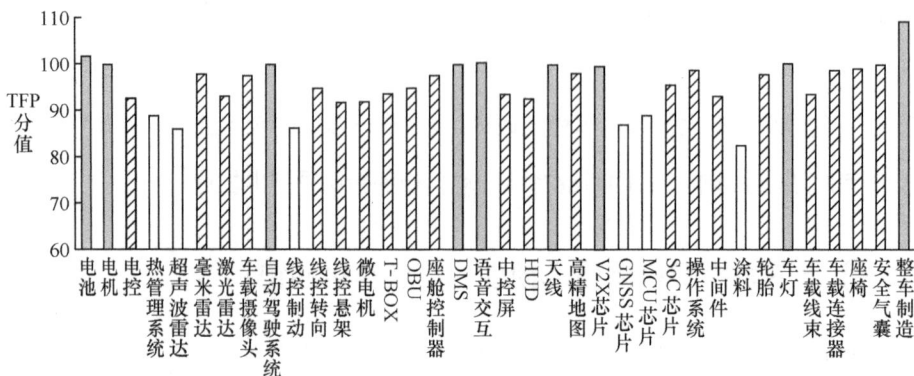

资料来源：中国信息通信研究院

图 6-2　我国新能源汽车产业链各环节全要素生产率与国际一流水平比较的 TFP 分值[1]

（二）加速国际化发展，培育大型跨国企业

企业经过国内激烈竞争走向国际市场，成长为世界一流的大型跨国企业是打造汽车强国的必经之路。目前，我国汽车产业的发展主要依赖本国市场。尽管新能源汽车产销量达到全球第一，但绝大部分都由国内市场消化。以我国当前最大的新能源汽车企业比亚迪为例，其汽车出口量虽然在增加，但海外销售的比例仍较低。2022 年，在比亚迪的汽车销售量中，不到 1% 的销售量来自海外。除了动力电池，我国汽车产业链多数具备优势的环节也局限于国内车企市场，尚未诞生可与欧洲、美国、日本汽车零部件头部企业比肩的企业。根据传统汽车强国的发展经验，大型整车企业跨国经营能够带动其配套供应商加速海外布局，我国汽车产业的国际化发展亦是如此。

当前，我国汽车产业的国际化发展受到美国和欧盟的限制。2023 年 10 月，欧盟宣布对产自我国的进口电动汽车启动反补贴调查程序，并将加征临时反补

1　TFP分值大于100表明我国在该环节具有优势；低于90表明我国与国际一流水平存在较大差距；90～100表明我国具备一定的创新实力，与国际一流水平差距较小。

贴税。2022 年，美国《通胀削减法案》加大本土制造电池的补贴，但将我国企业制造的电池排除在外，使用我国企业生产的电池组件的新能源汽车的消费补贴减半甚至无补贴，旨在削弱我国企业的竞争优势。即使国际化之路不断受阻，我国企业仍应坚定布局国际市场，进一步提升技术、成本和产能的优势，突破国外政策的屏障，积极开拓国际市场，充分发挥产业链和市场优势，寻求机会和平台参与国际规则的制定，实现国际标准和规则的互认，促进汽车产业国际化发展。

（三）持续推动科技创新引领产业发展

强化科技创新是赢得产业竞争的必然选择。我国汽车产业部分领域技术仍比较薄弱，应在逐步缩小渐进式创新差距的同时，不放弃探索颠覆式创新的机会。汽车电控广泛应用的微控制单元（Micro Controller Unit，MCU）芯片、中间件、操作系统、通信协议等，汽车智能制造必需的工业机器人等，是汽车产业发展的基础环节，应加快实现技术突破。热管理系统、涂料、车载线束等相对传统的技术领域，与汽车产业发达国家尚有差距。我国企业在现有技术路径上追赶，跨过国际头部企业技术门槛的难度大，在持续攻关的基础上，适度超前布局下一代技术，或探索新路径，实现换道超车。

强化标准引领产业技术方向，积极探索新技术，避免优势技术被颠覆。我国汽车产业通过国家标准引领国内汽车电动化技术的发展方向，从而塑造我国产业的先发优势。同样，在汽车网联化和智能化发展的过程中，我国也应抓住在自动驾驶系统、激光雷达、SoC 芯片、V2X 芯片等环节与世界同步创新的机遇，加快相关标准的研制，塑造产业发展的优势。同时，在动力电池领域，固态电池、燃料电池等技术路线竞争日益激烈，韩国、日本等主要国家企业积极布局，为巩固已形成的产业优势，我国应持续大力推动动力电池新技术的研发和产业化发展。

第七章 人工智能产业驱动新一轮科技革命

2016 年 3 月，DeepMind 的人工智能机器人 AlphaGo 与世界围棋冠军李世石九段展开"五番棋"大战，AlphaGo 最终以 4：1 的总比分战胜，宣告人工智能正式迈入全新的时代，奏响了第四次工业革命的序曲。以算力、算法和数据为基础要素的新一代人工智能技术引领信息技术创新，加快生产生活方式的升级，推动经济社会的深层变革。全球主要经济体高度关注人工智能产业的新态势，加紧规划未来的发展方向，各领域头部企业与初创企业纷纷投身产业发展新浪潮，加快研发部署新产品和新服务，促进人工智能赋能传统行业。我国充分发挥庞大市场规模和海量数据资源的优势，紧跟人工智能前沿技术创新，位居全球产业第一梯队，取得显著的发展成果。

人工智能的发展背景和历史

1950 年，英国学者艾伦·麦席森·图灵探讨了机器智能的可能性，他的《计算机器与智能》（*Computing Machinery and Intelligence*）论述了如何构建智能机器以及如何测试其智能。当时，计算机缺乏实现智能的先决条件，不能存储命令，只能执行命令，且计算成本极高。直至 1956 年美国达特茅斯会议，约翰·麦卡锡推动各个领域的顶尖研究人员聚集在一起，通力合作研讨"人工智能"的可行性，正式宣告了这个新概念的诞生。

AI 产业的发展历程并非一帆风顺，至今共掀起了三次浪潮，也经历了两次寒冬，但其技术创新和产业赋能的步伐没有停滞。**第一次浪潮**为 20 世纪 50 年代中至 70 年代初。以计算机的存储容量提升、普及度扩大为牵引，机器学习算法展示了语言翻译的应用潜力，获得美国国防部高级研究计划局（Defense Advanced Research Projects Agency，DARPA）等政府机构的资助，期望打造能够实现转录和口语翻译，以及高吞吐量数据处理的机器。但随着研究的推进，研究人员意识到当时计算机的算力和存储容量远远落后于 AI 应用的需求，AI 研究进展缓慢。**第二次浪潮**为 20 世纪 80 年代初至 90 年代。推进深度学习算法和专家系统的研究，以 IBM 为代表的大型科技企业在部分领域初步实现商业运营，但 AI 的应用领域过窄，研发成本过高，无法规模化商用，导致了第二次产业发展的低谷。**第三次浪潮**为 20 世纪 90 年代末至今。以互联网大规模发展与算力水平的显著提高为基础，深度学习算法取得重大突破，AI 广泛应用于消费、交通、教育和金融等领域，行业头部企业和初创企业利用新技术和新服务获得可观的回报，人工智能内容生成技术改变了生产生活的方式，对整个经济社会的影响力持续扩大。当前，我们已经迈进智能时代的大门，银行贷款审批和企业员工招聘等工作越来越多地使用 AI 系统辅助决策，自动驾驶汽车正式进入商业运营阶段，智能推送技术深刻影响人们从互联网获取的信息。未来，AI 将进一步与实体经济深度融合，有力支撑制造业智能化、绿色化和融合化发展，加快民生服务、养老保障和医疗健康等领域的试点应用，促进智能交通系统全方位升级，加快实现新型工业化。

全球主要发达国家 AI 布局

自 2016 年起，全球 AI 产业进入加速发展的阶段。美国、英国、德国、日本和法国等纷纷从战略上布局 AI，加强顶层设计，成立专门的机构统筹推进 AI 战略的实施，开展重大科技研发项目，鼓励成立相关基金，同时引导私营企业将资金和资源投入 AI 领域。各国以战略引领 AI 创新发展，从以自发性、分散性的自由探索为主的科研模式，逐步发展成由国家战略推动和引领、以产业化及应用为主的创新模式。众多领先企业和组织投资 AI 领域，谷歌、亚马逊、微软、IBM 和英特尔等头部科技企业将推进 AI 的发展作为企业的核心战略。国际电信联盟（International Telecommunication Union，ITU）、国际标准化组织（International Organization for Standardization，ISO）、电气和电子工程师协会（Institute of Electrical and Electronics Engineers，IEEE）等组织也纷纷制订工作计划，开展 AI 技术标准及伦理道德规范的制定工作，新的 AI 社会组织不断涌现。

从全球各国已发布的 AI 战略规划来看，北美、东亚、西欧地区已成为 AI 创新发展活跃地区。美国等发达国家具备 AI 的基础理论、技术积累、人才储备和产业基础方面的先发优势，率先布局；美国、欧盟、英国、日本等加大机器人、脑科学等 AI 相关前沿领域的投入，相继发布国家机器人计划、人类大脑计划和自动驾驶等自主系统研发计划等。为了确保其领先地位，美国于 2016 年发布《国家 AI 研发战略计划》。日本、加拿大和阿联酋等紧跟其后，于 2017 年将 AI 上升至国家战略。2018 年，欧盟、法国、英国、德国、韩国和越南等相继发布了 AI 战略。丹麦、西班牙等于 2019 年发布 AI 战略。

在全球信息产业变革的冲击下，越来越多的国家认识到 AI 对于提升全球竞争力具有关键作用，持续更新完善 AI 的战略布局。美国陆续成立了国家 AI 倡议办公室、国家 AI 研究资源工作组等机构，美国政府各部门密集出台了系列政策，将 AI 提升到未来产业和未来技术领域的高度，不断巩固和提升美国在 AI 领域的全球竞争力，确保"领头羊"的地位。欧盟发布《2030 数字指南针：欧洲数字十年之路》、面向 2023 年的《欧盟新工业战略》等，拟全面重塑数字时代全球影响力，其中将推动 AI 发展列为重要工作。英国于 2021 年 9 月发布国家 AI 十年战略，这是继 2016 年后推出的又一重要战略，旨在重塑英国在 AI 领域的影响力。日本继制定《科学技术创新综合战略 2020》之后，于 2021 年 6 月发布《AI 战略 2021》，致力于推动 AI 领域的创新，全面建设数字政府。

全球各大头部科技企业具备数据、技术和资本等优势，通过自主研发和兼并收购拓展软硬件产品，在 AI 领域进行全产业链布局。具有数据优势的互联网企业（例如谷歌等）全面布局 AI 领域；基于应用场景的互联网企业（例如脸书、苹果和亚马逊等）将 AI 与自身的业务深度融合，不断提升产品功能和用户体验；传统头部科技企业（例如 IBM、英特尔、微软和甲骨文等）面向企业级用户搭建智能平台系统。初创企业赶上大模型技术革新的浪潮迅速壮大，OpenAI 的 ChatGPT 用户数量快速增长，上线 2 个月，用户已破亿，2024 年 1 月上线的 GPT Store 平台有望主导大模型生态。

在加速迈入通用 AI 阶段的时代背景下，各方都在积极推进 AI 的技术标准制定。国际电信联盟电信标准化部门（ITU-T）关注如何应对智慧医疗、智能汽车、垃圾内容治理和生物特征识别等 AI 应用中的安全问题。AI 被广泛引入各类场景，其巨大潜能带来生产力的提升和崭新的业务模式。与此同时，AI 的采用对人类员工的福祉和保障带来一定的风险。2020 年 2 月，IEEE 强调不能在不利于人类的情况下应用 AI 技术，需要以分散治理或是用户中心治理的方式约束 AI。2020 年 8 月，AI 伙伴机构针对 AI 工作场所，提出了一种促进劳动力福祉的框架。AI 伙伴机构将使用这个框架指导正在进行的项目以及未来的项目，解决特定行业的劳动力福利问题。2023 年 11 月，包括中国和美国在内的 28 个国家以及欧盟签署了《布莱切利宣言》，共同促进 AI 安全发展。

● 我国人工智能产业创新发展图景

发展 AI 是党中央、国务院准确把握新一轮科技革命和产业变革发展大势、加快建设创新型国家和世界科技强国作出的战略部署。2017 年 7 月，国务院印发《新一代人工智能发展规划》，该文件明确提出"三步走"战略目标，到 2030 年 AI 理论、技术与应用总体达到世界领先水平，成为世界主要 AI 创新中心，将构建开放协同的 AI 科技创新体系、培育高端高效的智能经济、建设安全便捷的智能社会、构建泛在安全高效的智能化基础设施体系等作为重点任务。2021 年 3 月，《中华人民共和国国民经济和社会发展第十四个五年规划和 2035 年远景目标纲要》提出，持续推动 AI 工作部署，培育壮大 AI、大数据、区块链、云计算和网络安全等新兴数字产业，提升通信设备、核心电子元器件和关键软件等产业的水平。党的二十大报告进一步强调，推动战略性新兴产业融合集群发展，构建新一代信息技术、AI、生物技术、新能源、新材料、高端装备和绿色环保等一批新的增长引擎。

我国相关部门贯彻落实党中央、国务院战略部署，推动人工智能产业政策的落地实施。2017 年 12 月，工业和信息化部印发《促进新一代人工智能产业发展三年行动计划（2018—2020 年）》，布局培育智能产品、突破核心基础、深化发展智能制造、构建支撑体系四大重点任务，加快 AI 产业的发展。2018 年 4 月，教育部出台《高等学校人工智能创新行动计划》，不断提高 AI 领域的科技创新、人才培养和国际合作交流等能力，为推动 AI 的发展提供智力支撑。2019 年 6 月，国家新一代人工智能治理专业委员会发布《新一代人工智能治理原则——发展负责任的人工智能》，提出 AI 治理的框架和行动指南，确保 AI 安全、可控、可靠，推动经济、社会及生态可持续发展，共建人类命运共同体。2020 年 7 月，国家标准化管理委员会、中央网络安全和信息化委员会办公室、国家发展和改革委员会等五部门联合印发《国家新一代人工智能标准体系建设指南》，推动 AI 技术在开源、开放的产业生态中不断自我优化，充分发挥基础共性、伦理和安全隐私等方面标准的引领作用，指导 AI 国家标准、行业标准、团体标准等的制修订和协调配套。在各方的共同努力下，我国 AI

产业在技术创新、产业生态和融合应用等方面取得积极进展。

我国 AI 产业发展位居世界前列，主要产业发展指标保持增长态势[1]。截至 2022 年年底，我国 AI 核心产业规模达到 5000 亿元。截至 2023 年第三季度，我国 AI 企业数量达到 4469 家，占全球 15%，独角兽企业有 54 家，排名世界第二。2023 年，AI 独角兽企业的增长主要由大模型企业带动，多家大模型新兴企业已获得多轮投资，跻身独角兽企业行列。2023 年前三季度，我国 AI 领域融资金额为 30 亿美元，融资笔数为 154 笔，超过英国、德国、加拿大和以色列等国家，位居全球第二。在产业生态方面，我国形成长三角、京津冀、珠三角三大 AI 集聚发展区，构建了覆盖技术、平台、产品和应用等环节的产业体系，部分智能应用和产品全球领先。

我国 AI 学术研究追赶进程加快，专利申请和授权量稳步上升，基础创新能力显著提升[2]。2013—2023 年第三季度，在 AI 领域，美国发表 AI 相关论文 24 万篇，我国发表论文的数量超过 37 万篇，位居全球第一。在发表论文数量前 10 的机构中，我国有 4 个，其中中国科学院蝉联首位。在企业学术论文发表的数量方面，我国位列全球第二，华为、阿里巴巴和腾讯的论文发表数量分别为 2315 篇、1683 篇和 1566 篇。2013—2023 年第三季度，我国 AI 专利申请量累计达 70.2 万件，占全球 64%；专利授权量累计达 22.4 万件，占全球 48%，位居全球第一。从专利申请机构来看，全球 AI 专利申请量前 10 的机构中有 6 家是我国的机构，百度位居第一。

我国 AI 技术创新增加产品服务的需求，重点垂直领域的发展持续加速。在大模型方面，我国已培育出百度"文心一言"、华为"盘古大模型"、阿里巴巴"通义千问"等产品。在应用赋能方面，AI 应用场景广泛覆盖制造、交通、金融、医药和城市管理等众多行业领域。在智能交通领域，我国多地开展高级

1　AI核心产业规模、企业数量和投融资数据由中国信息通信研究院统计。

2　AI论文和专利数据由中国信息通信研究院统计。

别自动驾驶示范运营，百度 Apollo 在 8 个城市全面开放自动驾驶试乘服务，"萝卜快跑"在武汉、重庆获得首批 L4 级别无人驾驶示范应用资质；文远知行测试覆盖全球十几个城市，落地场景覆盖了 Robotaxi（无人驾驶出租车）、无人小巴、无人物流车和环卫小车。在智能医疗领域，大模型提升健康助手的人机交互能力，实现跨场景任务应用，讯飞星火医疗大模型让每个医生有专属 AI 诊疗助理，可嵌入诊前、诊中和诊后的医疗流程，在辅助诊疗、智能药物审核、病历辅助生成、病历内涵质控、诊后患者管理、医疗文本与影像多模态研究等应用场景中实现医疗服务水平和质量的全面提升。

从总体来看，我国在 AI 发展前期，与美国同处全球第一梯队，各具优势。但随着生成式 AI 技术爆发，我国 AI 创新发展需要进一步加强系统谋划，布局大算力、瞄准大模型、整合大数据、深挖大场景。一方面，厚植技术创新基础，汇聚顶尖高校、科研院所和头部企业等多方力量，联合开展 AI 基础理论与关键技术研究，统筹布局算力体系和数据市场，为产业创新建设坚实的基础设施。另一方面，推动场景牵引，深入垂直赛道，助力应用落地。探索通用大模型和行业大模型的赋能路径，推进新技术在智能制造、生物医学、金融服务和科学研究等领域落地。鼓励传统行业企业开放应用场景，联合人工智能企业深挖行业需求，打造示范标杆和典型案例，加快各垂直领域的智能化转型。与此同时，要注重 AI 治理议题的对外交流，探索 AI 治理合作研究机制，搭建国际 AI 交流平台，营造良好的国际合作环境。

第八章

从引进走向自主创新的高铁产业

全球高速铁路的发展已历经半个世纪，世界上第一条高速铁路日本东海道新干线（子弹头列车）于 1964 年在日本本州开始运营。随后，法国、德国、西班牙、意大利和韩国等国家也加快推进高铁的发展。我国作为地域辽阔、人口密集的大国，在高铁建设上也取得了举世瞩目的成就。我国的高铁产业经历了探索性自主研发、引进消化吸收和自主创新的发展阶段，既是我国产业科技创新自立自强的代表作，也是参与国际合作与竞争的试验场。

● 高铁从模仿创新到自主创新

（一）聚焦自主研发

该阶段主要是积累技术理论基础和试运经验，探索研制国产高速列车，为此后高铁产业的发展奠定基础。1964 年，日本东海道新干线通车后，中国开始关注境外高铁的发展。当时，中国没有高铁线路，铁路运输总里程 5.2 万千米，客运列车最高运行时速为 120 千米，低于日本东海道新干线的最高时速 210 千米，而且因停站过多和经常晚点造成平均速度仅为每小时 43 千米。20世纪 80 年代初，我国开始着手规划高铁建设。1990 年，铁道部完成《京沪高速铁路线路方案构想报告》并提交全国人大会议讨论，这是中国首次正式提出兴建高速铁路。1994 年，当时的国家科学技术委员会、国家计划委员会、国家经济贸易委员会、国家经济体制改革委员会和铁道部课题组完成《京沪高速铁路重大技术经济问题前期研究报告》，后成立铁道部京沪高速铁路预可行性研究办公室。铁道部制定了《铁路"十五"提速计划及实施意见》，正式将高速铁路建设列入规划。

开展准高铁的试验性研究。 20 世纪 80 年代末，当时的铁道部决定从我国国情实际出发，以时速 160 千米的准高速铁路作为突破口，选定试验区段，对既有线路进行技术改造，为未来发展高速铁路开展探索和试验。1989 年，铁道部成立了由中国铁道科学研究院和广州铁路局组成的联合专家组，对广深线旅客列车的最高时速提高到 160 千米进行了前期可行性研究。1998 年 8 月 28 日，电气化的广深铁路正式投入运营，率先使用从瑞典租赁的最高时速为 200 千米并命名为"新时速"的 X2000 摆式高速动车组。由于全线采用了众多当时国际先进水平的技术和设备，广深铁路被视为中国改造既有线路迈向高速铁路的开端。

国产高速机车研发为后续的技术消化吸收奠定基础。 20 世纪 90 年代，我国列车生产行业设计并生产了一系列高速列车样车，并未进行商业运营及大规模生产，但为后续的高铁技术研究打下了良好的基础。1998 年 6 月，韶山 8型电力机车于京广铁路的区段试验中达到了时速 240 千米，创下了当时的"中国铁路第一速"，是中国第一种预备型高速铁路机车。中国第一条高速铁路线秦沈客运专线于 2003 年投入商业运营，我国拥有完全知识产权的"中华之星"动车组在秦沈客运专线驶出了当时我国的最高速度。

统一技术路线为高铁的全国快速推动提供了前提条件。 我国在大规模发展高铁前，经历了不同技术路线的选择，磁悬浮和轮轨技术路线之争长达 10 年。2000 年，上海市政府同意从德国购买基于 Transrapid（磁悬浮）技术的列车系统，建造了上海磁悬浮列车，并于 2002 年开始运营，列车最高时速达到 431

千米。尽管磁悬浮技术在速度上具有无与伦比的优势，但由于其成本高昂、难以获得核心技术和对安全的担忧，磁悬浮列车并未在中国的高铁网络中得到广泛应用。与此同时，传统的轨道高铁技术正在新建成的秦沈客运专线进行测试。2002 年，国产 DJF2 型电力动车组和"中华之星"DJJ2 型电力动车组在秦沈客运专线轨道先后打破中国高铁的速度纪录。虽然速度不及磁悬浮列车，但是传统轨道上的高铁与中国其他标准轨距铁路网的兼容性更高，成本更低。2004 年，国务院在《中长期铁路网规划》中提出，京沪高速铁路和其他 3 条南北高速铁路线采用传统轨道高铁技术而不是磁悬浮技术，这一决定为中国快速建设标准轨距客运专用高铁线路奠定了基础。

（二）加大技术引进

2004 年至 2005 年间，我国根据"市场换技术"思路，先后向加拿大、日本、法国和德国学习了关键动车生产技术，加拿大庞巴迪、日本川崎和法国阿尔斯通分别与各自的中方合作企业中标方，研发出 CRH1、CRH2、CRH5 三类车型。以时速 200 千米的 CRH2 动车组为例，仅用时两年，我国便完成对所有原始图纸、资料和技术标准的消化吸收，以及全面的试验研究，并针对我国铁路运营环境完成 110 项优化设计，进行长达 6 万千米的线路运行试验。2008 年，国务院对 2004 年版《中长期铁路网规划》进行了调整，提出扩大包括"四纵四横"客运专线和城际客运系统在内的铁路线路建设规模。自此，我国开始大力发展高速铁路，政府投入大量资金加快高速铁路建设，此阶段我国高铁里程年均增长率约为 50%。

（三）强化集成创新

2008 年 2 月，科学技术部、铁道部共同签署《中国高速列车自主创新联合行动计划》。在技术引进消化吸收和阶段性重大成果再创新的基础上，我国进一步加大自主创新力度，研制新一代时速 350 千米及以上的高速列车，其中，CRH380 型高速动车组正是该联合行动计划中最重要的项目之一。通过攻克动车组九大关键技术和十项配套技术，2008 年我国第一条高速铁路——京津城际铁路开通，成为我国第一条设计时速为 350 千米级别的高速铁路。2009 年，我国正式立项启动了列入"十一五"国家科技支撑计划的中国高速列车关键技术研究及装备研制重大项目。在分析京津城际铁路等高速铁路积累的大量数据和经验的基础上，铁道部提出了新一代动车组的性能提升方向、技术方案，并对方案进行了大量的分析计算，形成一整套的列车系统设计方案和各子系统优化设计方案。2009 年，中国第一条具有当时世界一流水平的长距离干线——武广高铁开通运营。2010 年，中国的高速铁路里程已经超过了其他国家，2011 年京沪高铁正式通车运营，实现了"千里京沪一日回"。2013 年，我国高铁新增运营里程 1107 千米，总里程达到 10463 千米，"四纵"干线基本成型。

（四）实现自主创新

以互联互通、重联运行、部件通用、降低成本为目标，2012 年开始，中国铁路总公司集合中国有关企业、高校、科研院所等研制中国标准动车组，推动全国高铁技术、知识产权和标准的整合，促进了供应链升级。2016 年 6 月，我国成功自主研发具有完全知识产权的新一代标准高速动车组"复兴号"，实现了动力、变流、网络控制等关键系统部件的自主化。更重要的是，该车型采用的中国国家标准、行业标准及技术标准，涵盖了动车组基础通用、车体、走行装置、司机室布置及设备、牵引电气、制动及供风、列车网络标准、运用维修等 13 个方面。在中国标准动车组采用的 254 项重要标准中，中国标准占 84%，11 个系统 96 项主要设备符合统一的中国标准和型号，实现了平台产品的零部件可互换，形成独立于"欧标"和"日标"的中国标准，我国高铁从

"中国制造"迈向"中国创造"。"十四五"期间，我国设立"CR450 科技创新工程"，为高铁技术的可持续发展提供支撑。当前，"八纵八横"高速铁路网建设高质量推进，我国还加快攻克了多项技术难题，推进了跨海高铁的建设。与此同时，我国加快推动高铁走出去，带动国内相关企业打开国际市场，输出"中国标准"，从蒙内铁路、中老铁路到雅万高铁，高铁出口版图已覆盖到世界116 个国家和地区。我国高铁里程变化如图 8-1 所示。

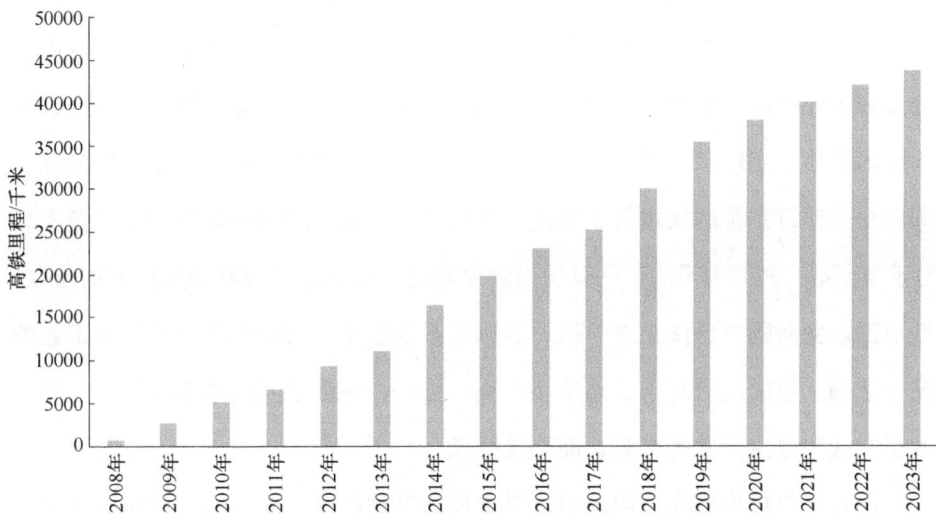

图 8-1 我国高铁里程变化

⚙ 我国高铁产业的创新经验

（一）自主可控与应用导向明确的技术引进与研发

高铁与大飞机、核电站、大型电信通信系统、能源化工综合体等相似，属于大型复杂产品系统，具有研发投入大、技术含量高、风险高、跨学科、模块化等特点，行业进入 / 退出门槛高。按照学科领域划分，高铁技术涉及机械科学、信息科学、控制科学、材料科学等 10 余个一级学科，产业科技创新需要跨地域、跨组织、跨学科合作。我国于 2007 年引进动车组，已将国外技术转化为完全自主知识产权的技术，并达到世界先进水平。在技术引进前，我国已形成相对专业化的创新主体以及比较完整的创新体系，积累了初步的技术开发能力，并通过调动全国创新资源，对先进技术引进消化吸收后再创新，逐步实现自主创新。

以自主可控为前提的技术引进。当时的铁道部作为我国高铁行业唯一的设备采购主体，严格控制市场准入，在设定招标条件、指定技术接收平台等规则制定方面拥有绝对的话语权，采取了很多有利于低成本引进技术、保证国内企业掌握国外技术、有利于我国自主创新的举措。例如，招标过程中，铁道部对于技术转让、定价、品牌、投标方式等提出了具体要求。除了要求国外企业与国内企业签订完善的技术转让合同，铁道部还设置了对国内投标企业"技术转让实施评价"的考核环节，只有国内企业通过铁道部动车组联合办公室的验收，铁道部才会向国外合作企业付款，这确保了我国企业对引进技术和制造工艺的充分掌握。我国政府对于铁路市场的集中控制，保证了我国铁路装备工业的技术引进成为自主开发的补充，而不是替代。

设立抓总机构提高组织效率。铁道部为推动高铁发展，成立动车组项目联合办公室，承担了科技资源调动和科技项目管理功能，改组后的中国国家铁路集团有限公司成立了科技和信息化部，继续承担以上功能。中国铁道科学研究院集团有限公司（简称铁科院，隶属于中国国家铁路集团有限公司）集科技创新、技术服务、成果转化、咨询监理、检测认证等为一体，长期以来一直是铁路领域技术能力特别是系统集成能力的主要载体。在每个新车型的开发过程中，铁道部及后来的中国国家铁路集团有限公司首先依托铁科院对高速动车组提出总体要求，以及基本性能、主要特征参数等方面的技术条件。

通过重大科技项目高效整合全国创新资源。为加快技术消化吸收，我国政府通过国家科技计划对高铁关键技术进行科研项目布局。2008—2010 年，国家自然科学基金委员会先后资助了 55 项与高铁动车组相关的科研项目，其中，33 项直接用于吸收外来技术及其本土化改造。此外，2008 年科学技术部和铁道部共同签署并实施《中国高速列车自主创新联合行动计划》，其中主要内容之一是国家科技支撑计划"中国高速列车关键技术研究及装备研制"重大项目，支持具有自主知识产权的 CRH380 系列高速动车组的开发，成为高铁技术发展的里程碑。为了实现这样的宏伟目标，我国充分发挥了体制优势，形成"产、学、研、用"相结合的协同创新机制，动员全国优势科研及产业资源，包括 11 家科研院所、25 家重点高校，以及 51 家国家重点实验室和工程中心，共计 68 名院士、500 多名教授、万余名科研人员参与。"十四五"期间，"CR450 科技创新工程"进行了研制复兴号动车组新产品等多个高铁科技创新项目，由多家头部企业、高校和科研院所共同参与研发。

研发突出商业化应用导向。高铁科技研发项目的设置以应用为导向，以企业的产品开发为落脚点，建立了科学研究体系、试验验证体系。在研发组织过程中，铁道部（中国铁路总公司）探索新的体制和管理模式，对从基础研究到商业化应用的全链条提供激励和支持。头部企业是项目承办单位和主持单位，高校和科研院所是参与单位。企业主要负责设计、需求提出、工艺验证，高校和科研院所负责仿真分析、风洞试验等。此外，企业自身研发投入也大幅提高，并且建设了一系列产品开发平台，提高了关键部件、系统及整车试验能力。中国高铁技术能力的主要载体由科研院所逐步转向企业。企业掌握了相关制造技术和工程化能力，改变了我国只依靠高校和科研院所进行开发和测试，企业缺乏系统的研发体系、生产制造体系和质量控制体系，设计／工程／制造三者难以协同等问题。

（二）大规模市场需求创造连续的技术机会

高铁产业具有较强的公共属性，属于重大民生工程及重要基础设施，投资回报周期长，但经济效益和社会效益大，这类产业一般需要政府的大力支持和组织推动。此外，我国地域辽阔，高铁应适应大运量、长距离、多样化运输环境，车型需要统一及相互连通，以便不同供应商之间互换通用部件，降低运营成本和配套设备的维护成本，从而形成规模效应。我国政府因势利导，构建战略性的技术机会，为高铁发展提供了基础。此外，宏伟的高铁发展蓝图和最长的高铁线路，为高铁装备行业带来了巨大的市场需求，为本土技术的发展创造了条件，为高铁产品的试验、运营提供了广阔的天地。

政府采购订单形成稳定市场预期。高铁的研发、生产和建设需要大量的资金和资源支持。我国处于经济快速发展期，对铁路提速需求大，国家大规模投入资金和其他配套资源。一方面，在大规模发展高铁前，铁道部撤销全国各铁路分局，改变动车组订单碎片化和区域化、企业需要设计多种技术路线动车组的情况，形成全国统一市场以及统一技术路线，加快了技术能力的积累。另一方面，在高铁快速发展的 2013 年，头部企业获得铁道部动车组的订单超千亿元，支撑了高铁企业的研发投入与创新。新产品采购订单可以切实提升企业创新能力，促进企业注重产品的工程化开发以及背后的研发组织体系建设。另外，铁道部还调动各方资源参与高铁建设，推动建立了"省部合作"机制，与 31 个省（自治区、直辖市）签订了加快铁路建设的战略协议并组建了合资铁路公司。地方政府不仅承担征地拆迁的主体责任，而且对铁路建设的权益性投资高达 4000 亿元，加快了高铁建设进程，改变了以往铁路建设仅靠中央政府及企业投资的局面，从根本上扭转了高铁建设资金不足的难题。

政府持续创造技术机会，逐步推动形成"中国标准"。从时速 200 千米等级的、主要基于引进技术的 CRH2、CRH5 等车型，到时速 350 千米等级的基于正向设计的 CRH380 车型，再到拥有完全自主知识产权的中国标准动车组以及当前的 CRH450 动车组，每一次产品优化和平台升级，既是高铁产业市场规模扩张的过程，也是我国发挥新型举国体制优势，政府与市场有效结合将市场需求转变为技术机会的过程，同时也是引导企业强化技术自主、提升国际竞争力的过程。中国高铁的创新能力，起步和成长于行业管理机构和铁路运营单位持续提高的技术要求，以及企业、高校、科研院所协同攻克科学、技术和工程问题的深入实践。更高技术性能和功能要求的高速动车组订单，推动了企业高强度的技术学习，锻炼了国内企业的研发设计和生产制造能力。连续的技术机会为技术的研发、试验、验证及运行提供了广阔的试验场，长期大规模实践积累的数据用于技术和产品创新，促进了新技术、新产品的迭代研发与应用，增加了安全运营经验。

（三）"逆向工程"到"正向设计"的深入实践

我国高铁产业围绕商业化应用构建科学研究体系、试验验证体系，通过"干中学""用中学""试验中学"，实现从"逆向工程"到"正向设计"的跃升。最初 CRH2 系列动车组的生产主要依靠技术引进，整体上属于逆向复制过程。我国企业不仅对技术、控制算法等方面进行了充分探索，明确了"怎么干"，更明确了"为什么"，逐步培养自主创新能力。CRH380 系列动车组的开发，首先由企业确定顶层速度指标，层层分解，明确各子系统指标，再确定详细技术方案，转为正向设计过程。京沪高铁要求最高运营时速 380 千米，持续运营时速 350 千米。我国企业对原有引进平台的潜力挖掘已到极限，但仍不能满足要求，只能根据以往的积累进行全新设计。在这个过程中，企业掌握了从研发设计到制造测试的全流程，培育了国内设备供应商，完善了高铁装备全产业链，摆脱了对国外调试以及材料、部件的依赖，实现了从"逆向工程"到"正向设计"的转变。"复兴号"从 2012 年启动研发到 2017 年投入运营历时 5 年，历经 503 项仿真计算、5278 项地面试验和 2362 项线路试验。

（四）头部企业带动产业全链协同创新

高铁产业链主要分为上游施工准备、中游列车制造及相关设备、下游营运服务三大部分。其中，上游施工准备分为工程承包、工程机械及相关配套建材3 个部分。中游列车制造及相关设备分为零件配件、专用系统设备和整车制造3 个部分，其中专用系统设备又由电气化系统、通信信号及信息化系统组成。下游营运服务包括营运、物流公司等服务业相关内容。高铁技术主要集中在中游列车制造部分。高速列车涉及复杂的系统集成和精密的工程设计，制造商需要掌握复杂装备的制造技术和工艺流程。按照系统模块，高铁系统需要系统集成技术、子系统技术和子系统内部各类技术的协同。各个子系统之间以及子系统内部的各个模块之间存在繁复的接口与耦合关系，需要实现技术和功能互补，产业科技创新要求产业链不同主体的技术能力同步提升。我国高铁的成功不仅表现在技术水平的快速追赶，而且是实现了从集成技术到组件技术的全产业链技术突破，从总成产品到核心零部件、控制软件和基础材料的全面替代和技术自主，这主要得益于企业发挥了创新主体作用，并且形成分工高度专业化的产业组织结构。

形成"可控制的竞争"产业组织结构。 在快速发展期，我国高铁产业拥有3 家整车企业，以及一批骨干型关键系统供应商、数以千计的多级配套企业，一方面形成分工相对专业化的产业组织结构；另一方面避免垄断的同时保持竞争性，提升产业竞争活力。中国中车股份有限公司下含 3 家整车子公司，这些整车企业之间形成比较充分的竞争，促进行业整体效率的提升。不仅在整车领域，在网络控制、制动系统等高铁的关键系统和零部件领域，也都拥有 3 家左右的供应商，形成既不过度竞争也不垄断的发展格局。这样的产业组织结构有利于创新主体既保持足够的竞争压力，又能够获得必要的利润回报以保障持续的研发投入，进而不断提升创新竞争力。

头部企业反向牵引和激励全产业链企业高要求、高质量发展。 高铁产业形成促进自主创新的微观激励结构，头部企业和零部件企业均得以发展，企业间技术互补性强，形成关系型供应链。一方面，政府通过订单激励，促进集成企业和零部件企业的合作，并以性能优越性而不是低价为主要采购标准，为企业提升技术水平、生产高质量产品创造条件。另一方面，政府提出整机国产化要求，头部企业专注于总成活动和研制少数核心零部件，同时提出技术条件，带动材料、能源、元器件等零部件企业进行技术研发或协同攻关。头部企业为零部件企业提供技术支持、试验设施，并通过质量管控、供应商管理体系等"倒逼"供应链升级。例如，一组复兴号动车组供应链辐射20多个省（自治区、直辖市）、600余家一级核心配套企业、1500余家二级供应商企业。产业链大协作，形成"部件—主机""技术—产业"循环促进的产业生态，产生了良好的协同效应，全面提升了全产业链的研发能力、制造能力和质量控制能力。

巩固和增强高铁产业创新竞争优势

（一）持续保持产业核心技术竞争力

我国高铁发展已经进入创新"无人区"，应加快健全新型举国体制，推动面向未来轨道交通的关键核心技术攻关，通过创新工程化促进科技创新成果真正转化为现实生产力。一方面，依托国家科技重大专项等，组织跨领域的创新主体协同合作，强化关键核心技术攻关；另一方面，健全以工程化产业化为导向的创新体系，加强企业主导的"产、学、研"深度融合，促进技术优势顺利转化为产业优势。

（二）加快智能化、绿色化技术的应用

我国应进一步将人工智能、大数据、物联网等技术广泛应用于高铁的研发、生产及运营管理环节，推进列车自动驾驶、智能调度、故障预警等技术的研发和应用，提高高铁系统的自主化程度和运行效率。加强对可再生能源和能效技术的研发，减少对传统能源的依赖。

（三）进一步加快"走出去"步伐

我国应继续坚持高水平对外开放，加快高铁产业"走出去"。一是积极参与高铁国际标准、技术规范、行业规则的制定，提升我国国际话语权，夯实产业国际化发展基础；二是鼓励国内企业依托"一带一路"倡议，加快"走出去"步伐，推动高铁国际化，共享技术和经验，深度融入全球高铁产业建设体系，实现与亚洲其他地区、欧洲等地的高铁互联互通，并成为国际产业科技创新合作的重要纽带。

区域篇

第九章

全球产业科技创新发展格局

当前，世界百年未有之大变局加速演进，新一轮科技革命和产业变革深入发展，大国产业科技创新博弈日益加剧。过去 10 余年，全球产业科技创新发展格局持续调整，本章围绕全球产业科技创新竞争、合作、开放 3 个层面的动态演化，基于国际组织和权威机构的数据，从创新竞争、创新合作、要素流动、产业发展等方面进行了深入分析。

创新竞争：创新活动呈现欧美引领、亚洲崛起的态势

从创新投入、创新主体、创新产出方面来看，以中国、韩国为代表的亚洲国家的整体创新实力快速提升，全球创新活动聚集范围从欧美扩大到亚洲。尽管如此，美国、德国、日本等传统发达国家仍在全球价值链上游，掌握着产业科技创新发展的主动权。

（一）创新投入：美中日总量领先，以色列、韩国强度最高

持续加大研发投入[1]促进创新，已成为世界大国间竞争的重要手段，多数国家研发投入增速高于 GDP 增速。2012—2021 年 15 个研发投入大国的研发投入和 GDP 年复合增长率如图 9-1 所示。经济合作与发展组织（OECD）数

---

1 研发投入是指各国全社会的研发投入总和，体现了各国总体的创新投入。

116

据显示，2012 年以来世界主要国家研发投入持续增长，2020 年部分国家的研发投入出现短暂缩减后，2021 年均出现强势反弹。比较全球 15 个研发投入大国 2012—2021 年的研发投入和 GDP 年复合增长率[1]发现，除了芬兰、丹麦，其他 13 个国家的研发投入年复合增长率均高于 GDP 年复合增长率。其中，英国的表现最为突出，研发投入年复合增长率比 GDP 年复合增长率高出 6.52%，其次是比利时，其研发投入年复合增长率比 GDP 年复合增长率高出 4.27%，第三是以色列，其研发投入年复合增长率比 GDP 年复合增长率高出 3.28%。

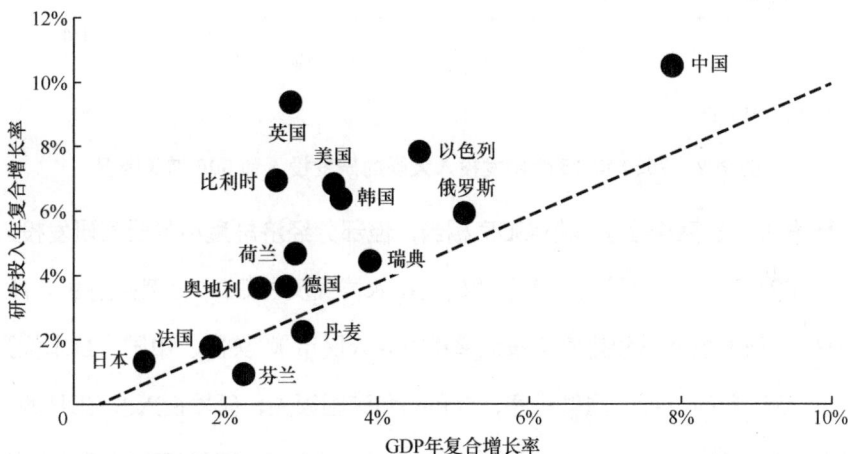

数据来源：OECD

图 9-1 2012—2021 年 15 个研发投入大国的研发投入和 GDP 年复合增长率

研发投入的表现明显优于整体经济。2020 年 15 个研发投入大国的研发投入和 GDP 增长情况如图 9-2 所示。仅奥地利、法国和日本 3 个国家的研发投入增速低于 GDP 增速，其他 12 个国家的研发投入增速均高于 GDP 增速。尤其中国、以色列和美国在 GDP 增速下降的情况下，其研发投入增速分别高达 10.2%、8.5% 和 7.7%。

---

1 研发投入增速和GDP增速均基于本币值计算。

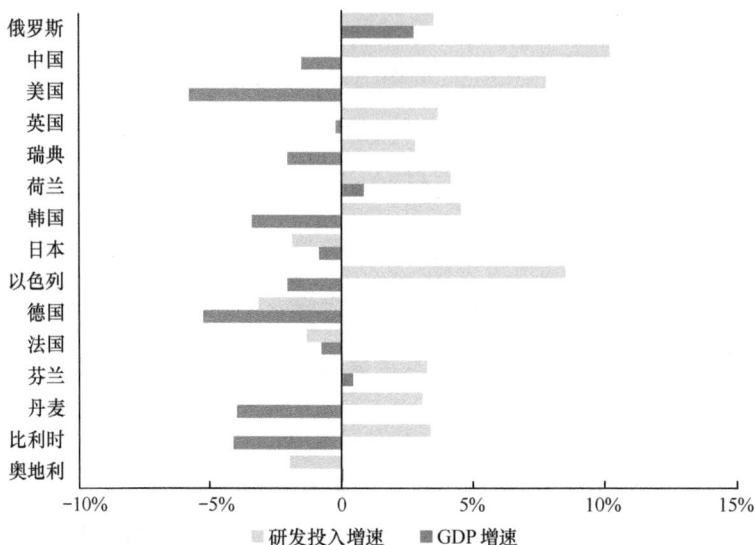

数据来源：OECD

图 9-2　2020 年 15 个研发投入大国的研发投入和 GDP 增长情况

研发投入总额排序基本与 GDP 相当，但部分经济总量小的国家研发投入强度高。2021 年 15 个研发投入大国的研发投入情况及占 GDP 比例如图 9-3 所示。按 2021 年研发投入总额排序（按汇率换算为人民币），美国、中国、日本位列前三。按 2021 年研发投入强度排序，以色列和韩国领先，研发投入占 GDP 的比例分别高达 5.56% 和 4.93%。中国研发投入总额相对较高，2021 年约为 2.8 万亿元，全球排名第二，2021 年中国的研发投入占 GDP 的比例约为 2.43%。

近年来，全球主要国家持续提高研发投入强度。15 个研发投入大国 2021 年与 2019 年研发投入强度对比如图 9-4 所示。对比 2019 年和 2021 年 15 个国家的研发投入强度数据，英国增加了 1.16%，增幅最大。以色列、美国、韩国、比利时等国家的研发投入强度排名位居前列，研发强度进一步提高，增幅分别达到 0.62%、0.39%、0.29%、0.26%。中国研发投入强度稳步增加，2021 年比 2019 年增加 0.2%。德国研发投入强度出现小幅下降，2021 年比 2019 年减少 0.04%。

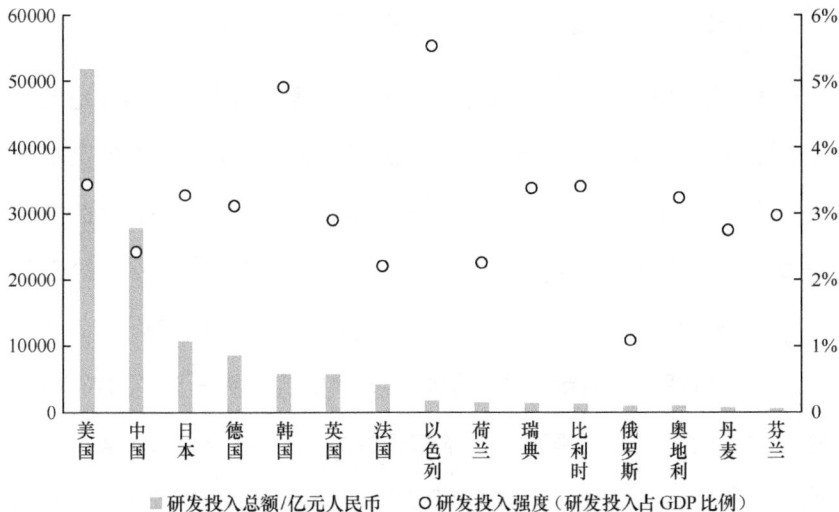

数据来源：OECD，中国人民银行，英为财情（Investing）[1]

图 9-3　2021 年 15 个研发投入大国的研发投入情况及占 GDP 比例 [2]

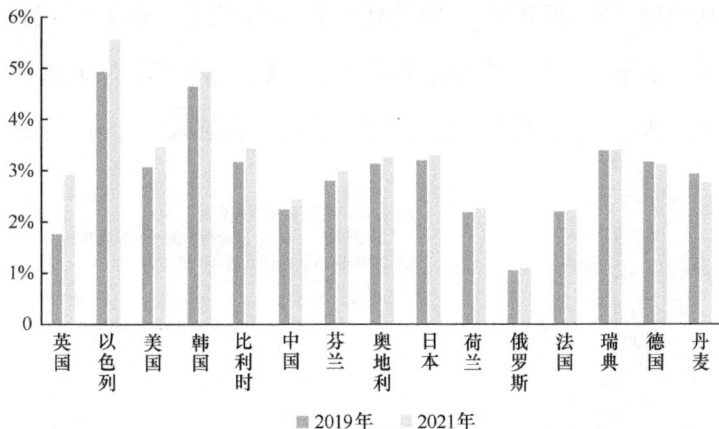

数据来源：OECD

图 9-4　15 个研发投入大国 2021 年与 2019 年研发投入强度对比 [3]

1　各国按本国货币统计的研发投入总额，以色列根据英为财情（Investing）网站新谢克尔币汇率2021年12月31日和2021年1月4日均值折合人民币（亿元），其他国家根据中国人民银行人民币2021年12月31日和2021年1月4日汇率中间价折合人民币（亿元）。

2　俄罗斯2021年的数据不可得，此处为2020年数据。

3　俄罗斯2021年的数据不可得，此处为2020年与2019年比较。

（二）创新主体：美日全面领先，欧亚各有所长

全球高水平创新主体分布呈现集中态势，美国和日本处于领先地位。一是高水平创新主体集中在美欧亚少数国家和地区。从代表基础研究的高水平大学和代表产业应用的高水平创新型企业分布来看，高水平创新型企业的集中度明显高于高水平大学的集中度。进入"2023年全球创新百强企业"的企业集中在12个国家和地区，2023年QS世界排名前100的大学分布于22个国家和地区。二是美日高水平创新主体数量处于第一梯队。从进入"2023年全球创新百强企业"的企业数量来看，日本和美国分别达38家和19家，大幅领先于其他国家和地区。从进入2022年PCT专利申请量排名前30的研发机构和2023年QS世界排名前100的大学数量来看，美国分别达到7家和27家。三是欧亚主要国家高水平创新主体类型各有侧重。英国高水平创新主体总量达到18家，位居全球第三，但其中17家是高水平大学，仅有1家高水平创新型企业。韩国、中国、德国、法国4个国家的高水平大学、研发机构和高水平创新型企业三类创新主体分布相对均匀。全球活跃创新主体所在国家分布如图9-5所示。

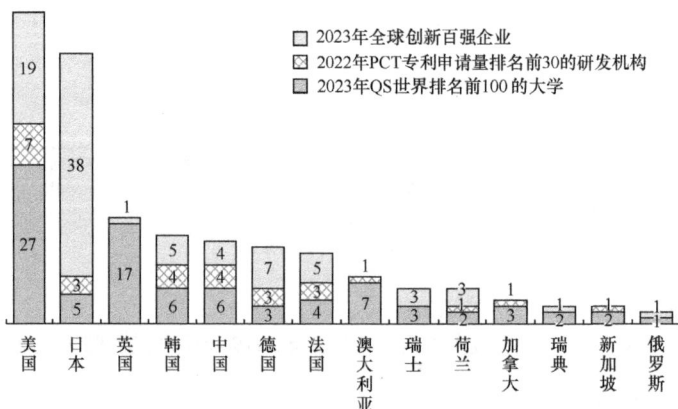

注：中国数据不含港澳台地区。

数据来源：科睿唯安、世界知识产权组织、QS世界大学排名

图9-5 全球活跃创新主体所在国家分布

（三）创新产出：亚洲数量增多，美德日价值高

全球专利产出主要集中在少数国家。2010—2022 年，全球 PCT 专利申请排名前 20 国家的申请量占全球总量的比例保持在 95% ～ 96%，20 个国家贡献了全球绝大多数的 PCT 专利产出。从国家排名来看，**亚洲国家逐渐赶超欧美国家**。中国从 2010 年第四位提高至 2022 年第一位，美国和日本分别从第一位和第二位下降至第二位和第三位。韩国超过德国上升至第四位，印度超过加拿大、芬兰、西班牙、澳大利亚和以色列。土耳其、新加坡分别从第 23 位和第 25 位进入前 20，奥地利和比利时跌出前 20。2022 年与 2010 年 PCT 专利申请排名前 20 国家比较如图 9-6 所示。

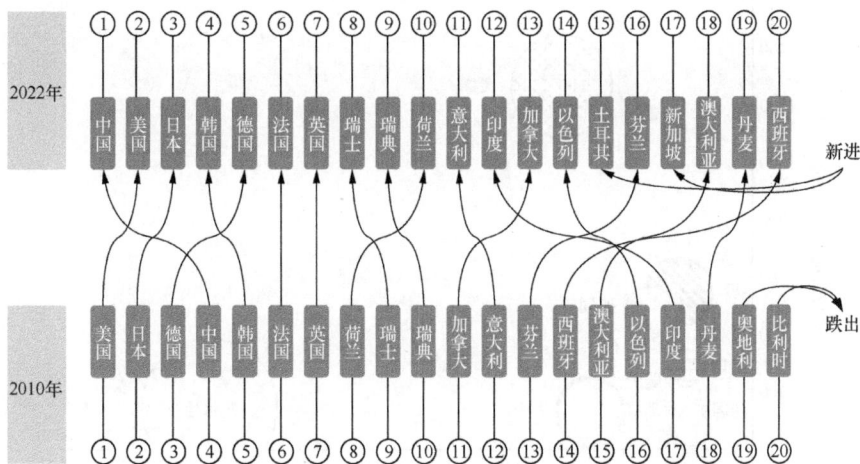

数据来源：世界知识产权组织数据库

图 9-6　2022 年与 2010 年 PCT 专利申请排名前 20 国家比较

国际商业价值高的知识产权被少数发达国家包揽。知识产权发生进出口国际贸易表明其具备国际商业价值。世界银行数据显示，少数发达国家掌握更多具有国际商业价值的知识产权并向外输出获利。2022 年，全球知识产权进口额前 10 位和出口额前 10 位的国家一共有 11 个，这 11 个知识产权进出口大国的知识产权出口额占世界知识产权出口总额的 86%，进口额占世界知识

产权进口总额的 76%。其中，前三大出口国美国、德国、日本也是全球前三大知识产权贸易顺差国，这 3 个国家的知识产权出口额达到世界总量的 51%，美国知识产权贸易顺差最大，高达 742 亿美元。英国、荷兰、法国的知识产权贸易也呈现顺差。**近年来，中国知识产权出口额大幅增加，但仍然呈现贸易逆差**。2022 年，中国知识产权出口额约是 2010 年的 16 倍，进口额增长相对较少，约是 2010 年的 3.4 倍，知识产权贸易逆差仍高达 312 亿美元。此外，爱尔兰成为美国、英国等国家的重要合作国，吸引谷歌、微软、英特尔、苹果等科技领先企业落地，带动爱尔兰知识产权进口额大幅增加，成为知识产权贸易逆差最大的国家。2022 年知识产权进出口大国分布情况如图 9-7 所示。

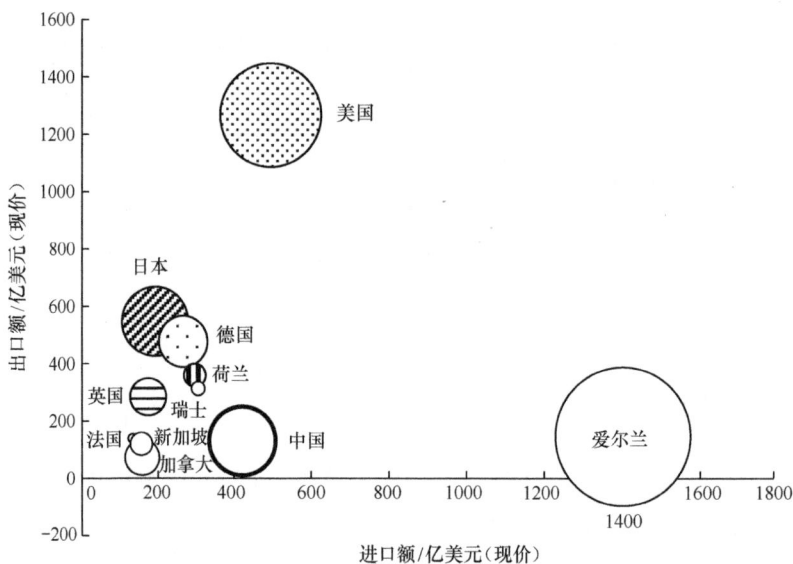

注：圆心对应进出口额，气泡面积表示出口净额，实心表示正，空心表示负。
数据来源：世界银行

图 9-7　2022 年知识产权进出口大国分布情况

亚洲是全球 ICT 产业重要地区，欧美加速制造业回流。2021 年全球 ICT 产品出口额排名前 10 的经济体中，中国是全球最大的 ICT 产品进出口国和贸易顺差国，韩国 ICT 产品也呈现较大的贸易顺差。欧美日等国家和地区的 ICT

产品进出口呈现贸易逆差，但美国和德国改变了过去两年 ICT 产品出口额连续下滑的态势，2021 年出口额增幅达到 15% 和 16%，这一变化与其近年来推行制造业回流政策有关。同时，受地缘政治影响，印度以低廉的生产成本优势吸引发达国家制造业向其转移，2021 年印度 ICT 产品出口增长率高达 55%。由于印度的产业基础尚不成熟，ICT 产品进口仍大幅高于出口，2021 年 ICT 产品贸易逆差约达 340 亿美元。2021 年世界主要经济体 ICT 产品贸易进出口情况如图 9-8 所示。

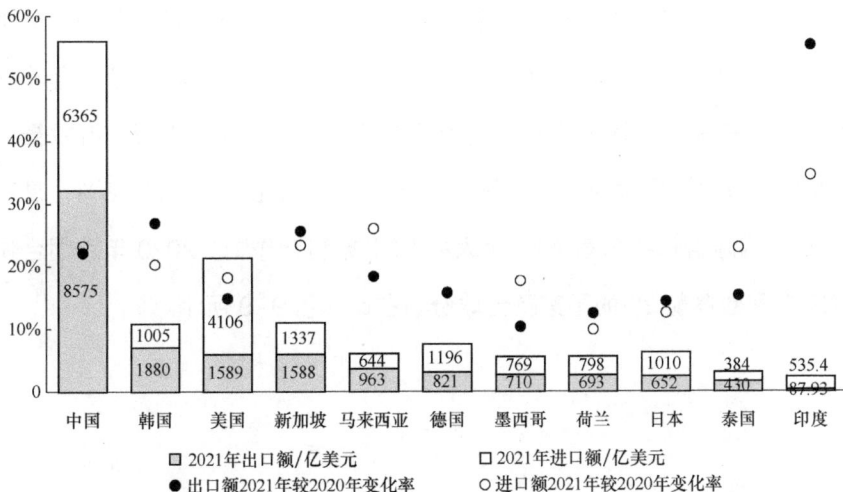

注：中国数据不含港澳台地区。

数据来源：联合国贸易和发展会议数据库

图 9-8　2021 年世界主要经济体 ICT 产品贸易进出口情况

创新合作：医疗和无线通信技术领域创新合作突出

虽然各国（地区）在产业科技创新方面竞争加剧，但是在全球化浪潮中，产业科技创新的国际合作已深入发展。数据显示[1]，2020 年全球申请的 PCT 专利中，申请人（或机构）国际合作[2]的数量约为 1.48 万条，占 PCT 专利申请总量的 5.3%。

1　根据德温特创新专利数据库检索结果分析。

2　申请人（或机构）国际合作是指两个及以上的申请人（或机构）来自不同的国家（地区）。

国际合作 PCT 专利数量前 20 的国家[1] 中，有 17 个是 PCT 专利申请排名前 20 的国家，表明这些创新大国之间的专利合作关系紧密。

（一）合作国家：美中日三国 PCT 专利国际合作最为频繁

美国、中国和日本的国际合作 PCT 专利数量排名前三，**美国**的国际合作 PCT 专利数量占全球总量的 62%。在国际合作 PCT 专利数量前 20 的国家中，除了日本、瑞典、芬兰，16 个国家的最大 PCT 专利合作国均是美国，且美国与全球 39 个国家均有专利合作。**中国**的国际合作 PCT 专利数量占全球总量的 27%，与美国互为最大的 PCT 专利合作国，也是日本、瑞典、芬兰最大的 PCT 专利合作国。**日本**的国际合作 PCT 专利数量占全球总量的 18%，是泰国（PCT 专利国际合作排名第 28）最大的 PCT 专利合作国。2020 年跨国合作申请 PCT 专利数量前 20 的国家及全球份额占比如图 9-9 所示。

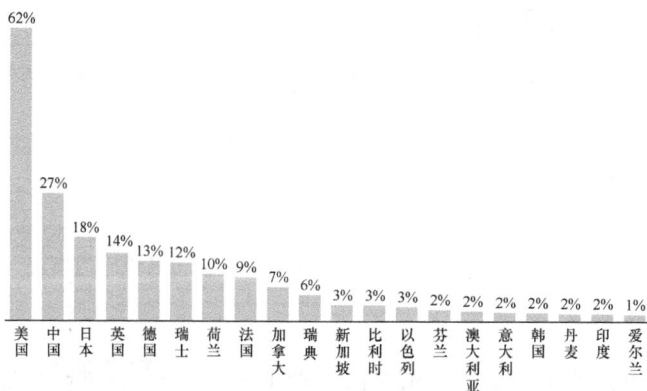

注：因为国家之间的合作关系，会重复计数，例如，美国与中国合作专利，专利数量在美国统计范围内，也在中国统计范围内，所以各国百分比之和超过 100%。
数据来源：德温特创新专利数据库，ITG insight

图 9-9 2020 年跨国合作申请 PCT 专利数量前 20 的国家及全球份额占比

1 国际合作PCT专利数量排在前20的国家：美国、中国、日本、英国、德国、瑞士、荷兰、法国、加拿大、瑞典、新加坡、比利时、以色列、芬兰、澳大利亚、意大利、韩国、丹麦、印度、爱尔兰。

（二）合作领域：以美中为核心分别形成两大产业技术合作网络

从 PCT 专利国际合作的领域来看，**以美国和中国为核心分别形成医药和无线通信两大产业技术合作网络**。分析各国合作专利的国际专利分类（International Patent Classification，IPC）显示：一是医药领域形成以美国为核心的合作网络，2020 年医疗领域跨国合作申请 PCT 专利数量超过 5 个的合作网络如图 9-10 所示，这些专利合作主要围绕抗肿瘤药物、免疫球蛋白等医药领域，合作对象主要包括瑞士、英国、德国、中国、法国和荷兰等国家；二是无线通信领域形成以中国为核心的合作网络，2020 年无线通信领域跨国合作申请 PCT 专利数量超过 5 个的合作网络如图 9-11 所示，这些专利合作主要围绕无线资源调度、信号编码等无线通信网络技术，合作对象主要包括日本、美国、瑞典和芬兰等国家。在无线通信领域，中国已紧密嵌入全球创新网络，并在网络中处于重要位置。

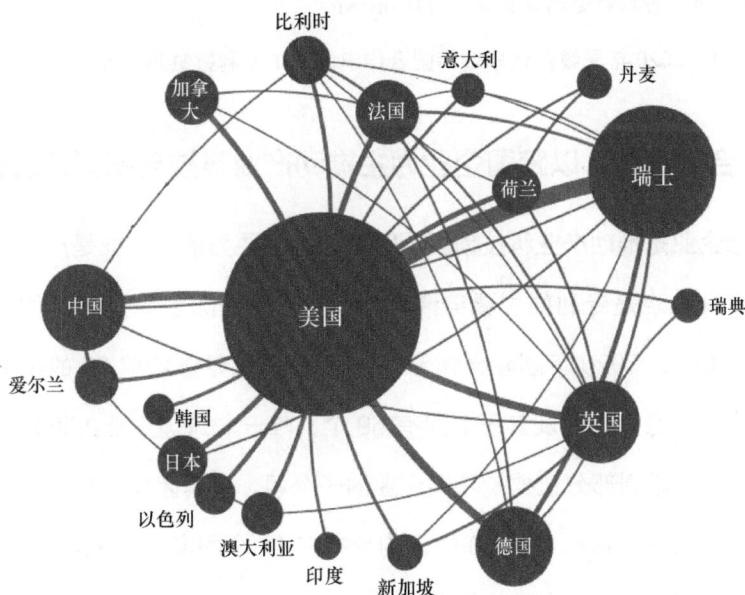

注：国家节点的大小表示合作专利总量，网络边的粗细表示两国之间的合作专利数量。
资料来源：德温特创新专利数据库，ITG insight

图 9-10　2020 年医疗领域跨国合作申请 PCT 专利数量超过 5 个的合作网络

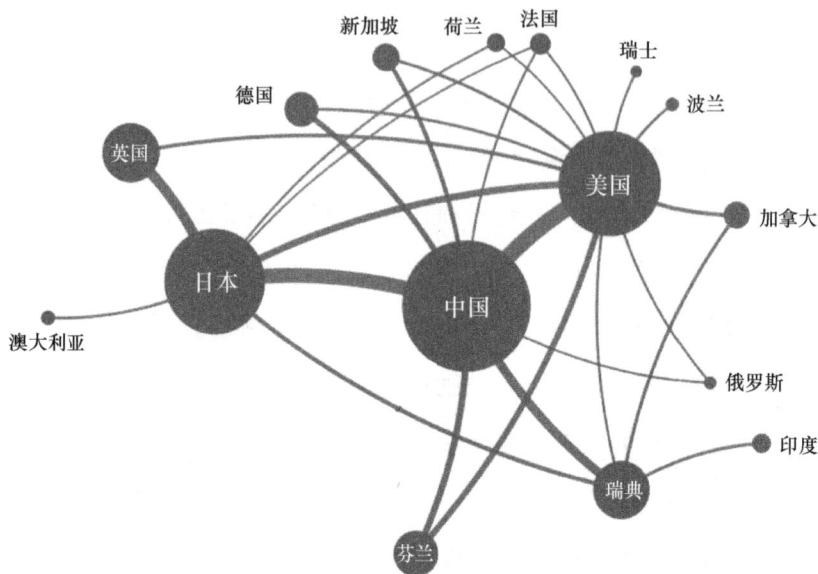

注：国家节点的大小表示合作专利总量，网络边的粗细表示两国间合作专利数量。

资料来源：德温特创新专利数据库，ITG insight

图 9-11　2020 年无线通信领域跨国合作申请 PCT 专利数量超过 5 个的合作网络

（三）合作主体：以跨国企业为主推动产业科技创新国际合作

跨国企业是推动产业科技创新国际合作的主要力量。企业是产业科技创新的实施主体，也是专利的主要申请人，PCT 专利国际合作排名前列的机构基本是跨国企业。2020 年国际合作 PCT 专利申请数量排名前 60 的申请人（机构）中，大型跨国企业及其子公司有 59 个，唯一非跨国企业的机构是加利福尼亚大学。考虑到部分机构是跨国企业的子公司，按集团名称将申请人进行归类后统计，合作总量排名前 20 的机构分布在 11 个国家，2020 年跨国合作申请 PCT 专利数量前 20 申请机构分布如图 9-12 所示，这些机构主要从事数字技术、医疗、石油、化工等领域，排名前三的机构分别是瑞士的罗氏、日本的索尼和中国的字节跳动。

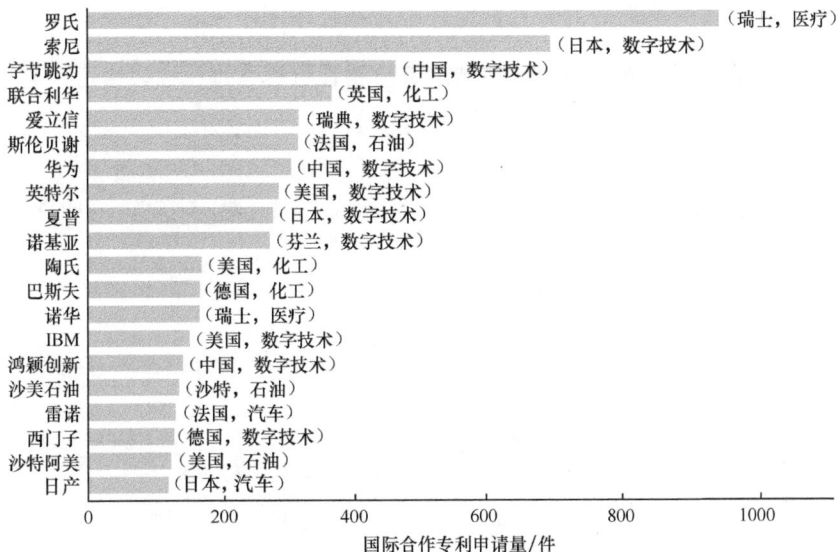

资料来源：德温特创新专利数据库，ITG insight，中国信息通信研究院

图 9-12　2020 年跨国合作申请 PCT 专利数量前 20 申请机构分布

从机构间专利申请合作网络来看，跨国企业主要以 3 种方式推动创新合作。一是跨国企业以总部为核心与分布在不同国家的分支机构（子公司）形成合作网络，2020 年跨国企业内部的跨国合作申请 PCT 专利的国际合作网络如图 9-13 所示。例如，总部位于中国的字节跳动与在美国的子公司合作申请了大量专利，总部位于英国的联合利华及其在美国、荷兰的子公司之间形成专利申请合作网络。二是跨国企业围绕某一技术领域与其他机构开展研发合作，共同申请专利，形成合作网络，2020 年同领域多机构间跨国合作申请 PCT 专利的国际合作网络如图 9-14 所示。例如，在医疗领域，以加利福尼亚大学为关键节点，连接了罗氏、基因科技、巴斯夫、西门子、诺华等多家大型医疗企业形成合作网络；再如石油领域，以沙美石油为关键节点，连接了斯伦贝谢、沙特阿美、沙特基础工业等大型石油企业形成合作网络。三是跨国企业与个人 / 其他机构广泛合作，2020 年跨国企业分散式跨国合作申请 PCT 专利的国际合作网络如图 9-15 所示。部分大型跨国企业的国际合作数量多，但由于合作者

分散，每种合作关系形成的专利数量较少，在合作图中只显示出跨国企业自身的单个点，例如爱立信、华为、英特尔等分布在世界各地的研发中心，与当地大量研发人员或高校、科研院所合作申请专利。

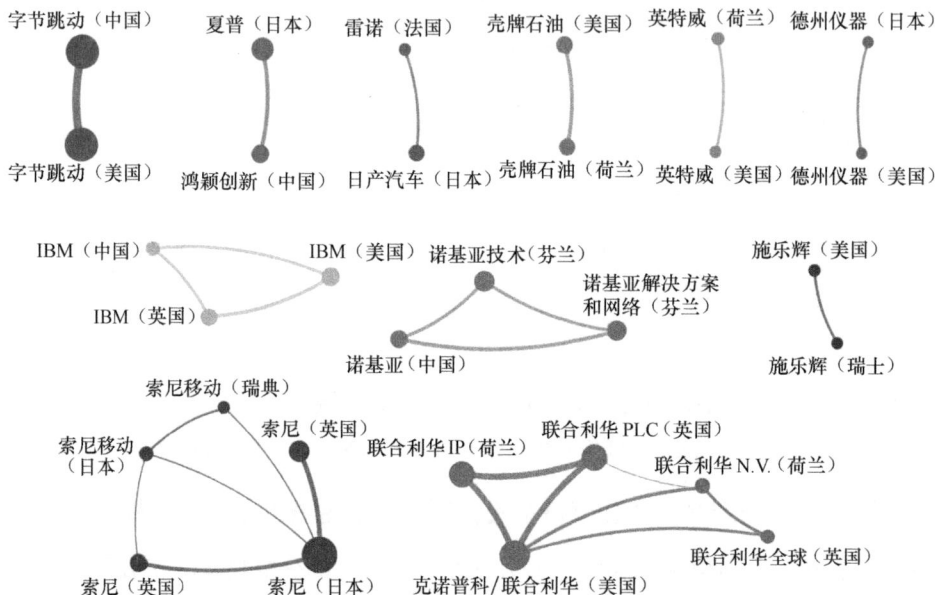

资料来源：德温特创新专利数据库，ITG insight

图 9-13　2020 年跨国企业内部的跨国合作申请 PCT 专利的国际合作网络

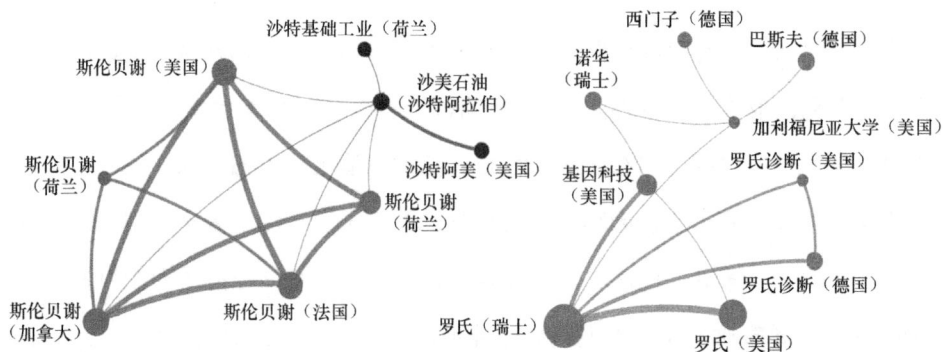

资料来源：德温特创新专利数据库，ITG insight

图 9-14　2020 年同领域多机构间跨国合作申请 PCT 专利的国际合作网络

华为（中国） 爱立信（瑞典） 英特尔（美国） 陶氏（美国） 日本电气（日本）

博世（德国） 诺维信（丹麦） 杜比（荷兰） 欧莱雅（法国）

联发科（新加坡） 豪雅镜片（泰国） 汉高（德国） 达佳互联（中国）

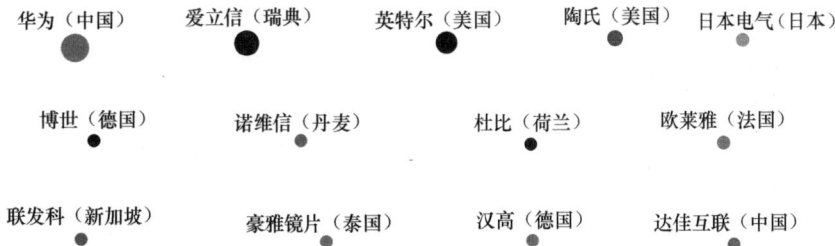

资料来源：德温特创新专利数据库，ITG insight

图 9-15 2020 年跨国企业分散式跨国合作申请 PCT 专利的国际合作网络

⚙ 要素流动：知识和资本流动呈现相反趋势

知识和资本是国际创新合作的两大关键创新要素。近年来，全球创新合作局势趋向紧张，以知识产权贸易方式进行的知识流动仍在持续扩张，暂未受到明显影响，以外商直接投资方式进行的资金流动呈现下降趋势。

（一）知识流动：全球知识产权贸易持续扩大

随着全球创新合作的深化，知识流动加速，知识产权国际贸易增多。2013—2022 年，世界知识产权进口额和出口额分别增长 63% 和 50%。其中，中国对外输出知识产权的能力大幅增强，知识产权出口额增长 14 倍，是进口额增幅的 1.1 倍。德国、韩国和加拿大的知识产权出口额增幅也高于进口额增幅，新加坡和荷兰出口额增加、进口额降低，表明这些国家的知识产权实力增强。美国、日本、英国、法国和瑞典等传统知识产权顺差国的出口额增幅低于进口额增幅。部分国家出口额增幅大幅低于进口额增幅，知识产权实力有所下降。例如，瑞典进口额增长高达 4.3 倍，出口额增长仅 3%，由知识产权贸易顺差国转为逆差国。主要国家 2022 年知识产权进出口额较 2013 年变化情况如图 9-16 所示。

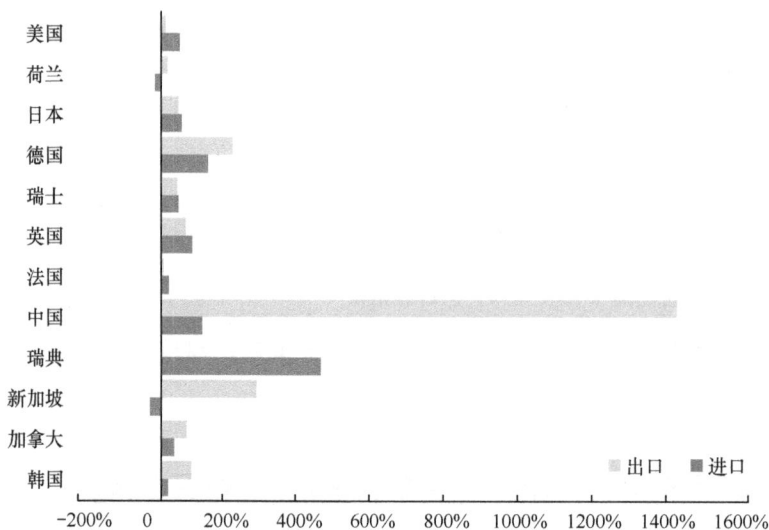

数据来源：世界银行

图 9-16　主要国家 2022 年知识产权进出口额较 2013 年变化情况

（二）资本流动：全球外资流入呈下降趋势

引入外商直接投资是促进本国产业发展的重要手段之一。近年来，贸易投资保护主义抬头，**全球外资流入自 2015 年开始呈现下降趋势**，1990—2022 年全球外商直接投资流入量情况如图 9-17 所示。2020 年，受新冠肺炎疫情影响，全球外资流入总量下降约三分之一，回到 2005 年水平。经过 2021 年反弹和 2022 年再次回落，全球外资流入总量相较 2015 年下降约 37%。

从地区来看，**全球外资流入下降主要受欧洲地区影响**，2015—2022 年地区外商直接投资流入量比较如图 9-18 所示。2022 年欧洲地区外资流入相较 2015 年下降 114%。**亚洲地区仍然对国际投资具有较强的吸引力。**即便在全球外资流入大衰退的 2020 年，亚洲外资流入仍保持 4% 左右的增长，新冠肺炎疫情后增幅进一步扩大，总体而言，2022 年亚洲外资流入相较 2015 年增长了约 25%。

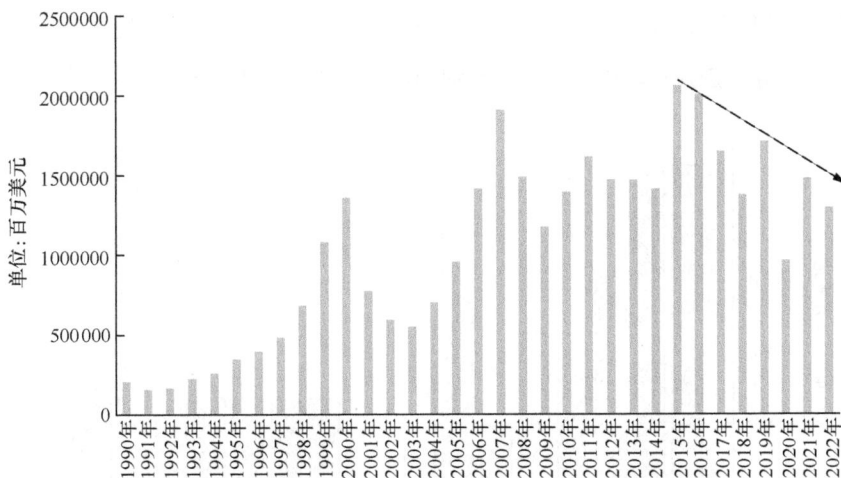

数据来源：联合国贸易和发展会议

图 9-17　1990—2022 年全球外商直接投资流入量情况

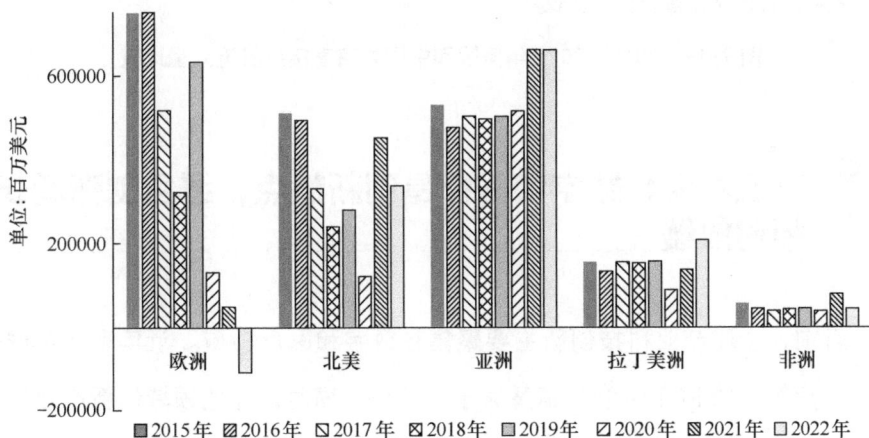

■2015年　▨2016年　▥2017年　▩2018年　▦2019年　▧2020年　▨2021年　☐2022年

数据来源：联合国贸易和发展会议

图 9-18　2015—2022 年地区外商直接投资流入量比较

美国和中国是全球吸引外资流入排名前两位的国家，美国外资流入回温，中国外资流入保持稳步增长，2015—2022 年美国和中国外商直接投资流入量比较如图 9-19 所示。2021 年以来，美国陆续通过《通胀削减法案》《芯片和科学法案》等，扶持新能源汽车消费、动力电池制造、芯片制造等多项产业，加大吸引外资的力度。在 2020 年处于低迷状态后，2021 年美国外资流入大幅增长，2022 年虽有所回落，但仍高于 2018 年和 2019 年。中国外资流入保持相对稳定，2021 年和 2022 年分别同比增长 21% 和 4.5%。

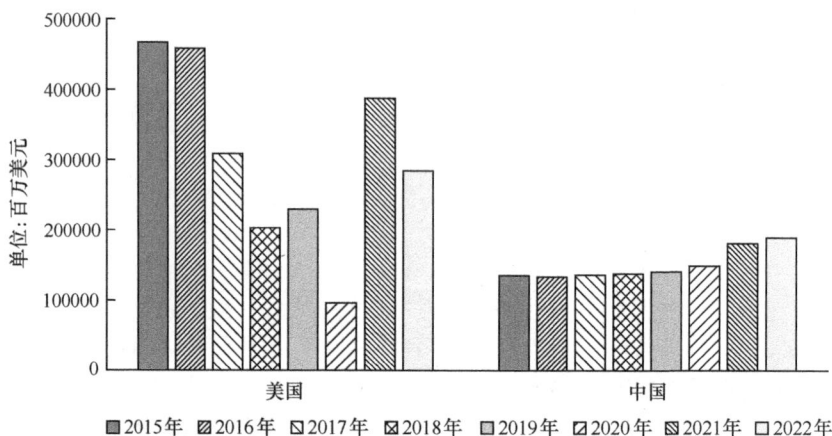

数据来源：联合国贸易和发展会议

图 9-19   2015—2022 年美国和中国外商直接投资流入量比较

产业发展：数字和医疗是创新热点，绿色创新增长相对放缓

目前，全球产业科技创新主要聚集在数字和医疗领域。近年来，全球数字和医疗领域的 PCT 专利申请量居于前两位。同时，绿色领域创新产业增长放缓。

（一）数字和医疗领域创新投入和产出活跃

数字和医疗领域的研发投入保持增长，2018—2022 年第三季度不同产业研发费用增长情况如图 9-20 所示。近年来，全球其他产业领域的大企业研发投入下滑。汽车和航空等传统研发密集型产业企业 2020—2021 年研发投入出现大幅下降，截至 2022 年第三季度也未能恢复至 2018 年水平。相反，在线办公、在线会议、在线社交、在线购物等数字服务发展迅猛，推动了数字设备和半导体等 ICT 产品的需求增加，软件、计算机服务和电子设备等数字领域持续加大研发投入力度。与 2018 年年初相比，相关数字领域大型企业 2022 年第三季度的研发投入增长了 50% 以上。行业大型企业 2022 年第三季度研发投入相比 2018 年增长了 20% 左右。

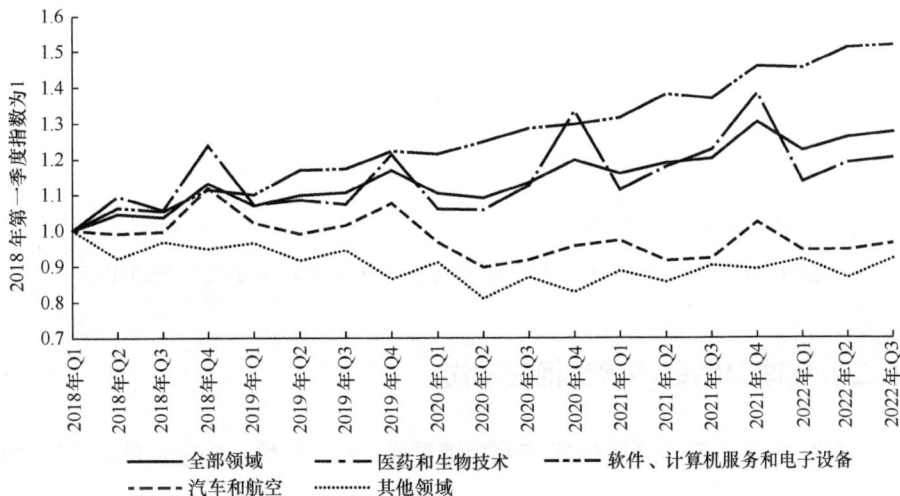

数据来源：OECD

图 9-20　2018—2022 年第三季度不同产业研发费用增长情况

数字和医疗领域专利产出最多，2010 年和 2022 年 PCT 专利申请量排名前 10 的技术领域比较如图 9-21 所示。世界知识产权组织（WIPO）数据显示，计算机技术、数字通信、电机 / 设备 / 能源、医疗技术、计量（仪器）、视听技术、交通、医药 8 个领域，在 2010—2022 年的全球 PCT 专利申请量排名中始终位于前 10。计算机技术、数字通信和半导体三大数字领域 PCT 专利申请量总和遥遥领先。医疗技术和医药领域的 PCT 专利申请量排名虽然有小幅下滑，但生物技术排名上升进入前 10，三者合计医疗领域总量仅次于数字领域。此外，电机 / 设备 / 能源、视听技术和交通排名上升，或与绿色能源、新能源汽车、自动驾驶等新兴技术快速发展有关。

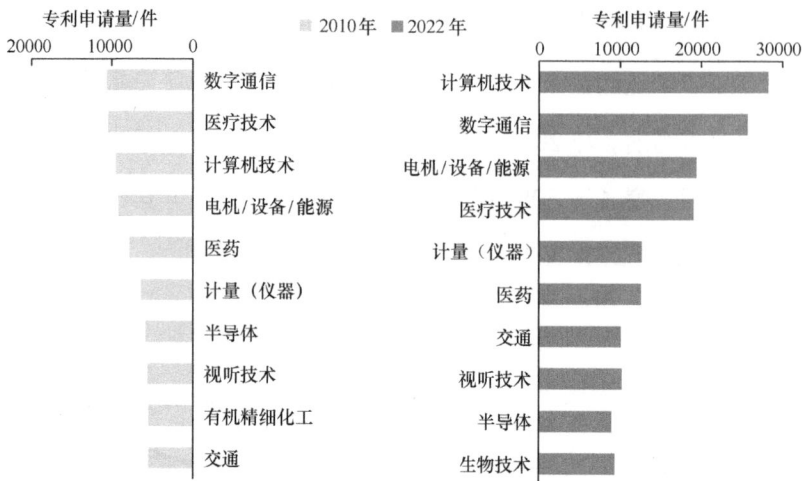

资料来源：世界知识产权组织数据库

图 9-21　2010 年和 2022 年 PCT 专利申请量排名前 10 的技术领域比较

（二）全球绿色专利增长相对放缓

　　过去 10 年，全球绿色 PCT 专利申请量增长相对放缓。随着全球工业化发展不断扩大和深入，气候和环境问题愈发引起各国（地区）的关注。2016 年《巴黎协定》签署，将绿色低碳发展列为优先事项已成为全球多数国家的共识。但是从产业科技创新角度分析全球绿色化发展进程，会发现全球绿色化发展相对放缓。根据世界知识产权组织制定的绿色 IPC 清单和专利索引平台（WIPO PATENTSCOPE）统计分析，1983—2022 年全球全部 PCT 专利和绿色 PCT 专利申请量增长对比见表 9-1，1993—2002 全球绿色 PCT 专利申请量相比上一个10 年（1983—1992 年）增长约 5 倍，2003—2012 年相比 1993—2002 年增长约 1.8 倍，其增幅高于同期全球全部 PCT 专利的总申请量增幅。2013—2022 年，全球绿色 PCT 专利申请量增幅下降到 56%，与全球全部 PCT 专利的总申请量增幅持平。1983—2022 年全球主要国家绿色 PCT 专利申请量变化如图 9-22 所示。各国（地区）绿色 PCT 专利申请量和全部 PCT 专利申请量数据显示，最近 10 年全球绿色 PCT 专利申请放缓主要受日本和瑞典影响。日本绿色 PCT 专利申请量增幅仅为 28%，大幅低于同期该国全部 PCT 专利申请量的增幅（70%）；瑞典绿色 PCT 专利申请量下降约 3%，同期该国全部 PCT 专利申请量增长约为 7%；其他 9 个绿色 PCT 专利申请大国的绿色 PCT 专利申请量变化情况均优于本国全部 PCT 专利申请量变化情况。

表 9-1　1983—2022 年全球全部 PCT 专利和绿色 PCT 专利申请量增长对比

	全部PCT专利申请量同比增长	绿色PCT专利申请量同比增长
1993—2002年	3倍	5倍
2003—2012年	1.3倍	1.8倍
2013—2022年	56%	56%

资料来源：WIPO PATENTSCOPE

亚洲国家绿色创新产出增加，欧美优势减弱。1983—1992 年，全球绿色 PCT 专利申请量排名前五的国家分别是美国、德国、英国、法国、日本。2013—2022 年，全球绿色 PCT 专利申请量排名前五的国家变为美国、日本、中国、德国、韩国，如图 9-22 所示。从 30 年间各国绿色专利申请量占全球比例来看，日本从 5% 提高到 24%，中国从 0.1% 提高到 17%，韩国从 0.2% 提高到 8%，美国从 52% 下降到 25%，德国从 10% 下降到 8%，英国从 9% 下降到 3%，法国从 5% 下降到 4%。

丹麦、韩国和日本的绿色 PCT 专利占比高，2013—2022 年全球主要国家申请的 PCT 专利中绿色 PCT 专利占比如图 9-23 所示。2013—2022 年，丹麦绿色 PCT 专利申请量占该国全部 PCT 专利申请量的比例高达 12.5%，与其他国家相比，遥遥领先。长期以来，丹麦高度重视绿色创新，1993—2002 年和 2003—2012 年，丹麦绿色 PCT 专利占比分别是 9.3% 和 10.2%，均处于同期全球首位。韩国和日本的绿色创新活跃度也很高，2013—2022 年，韩国和日本的绿色 PCT 专利申请量占本国全部 PCT 专利申请量的比例分别为

7.7% 和 7.5%，仅次于丹麦，远高于其他国家。

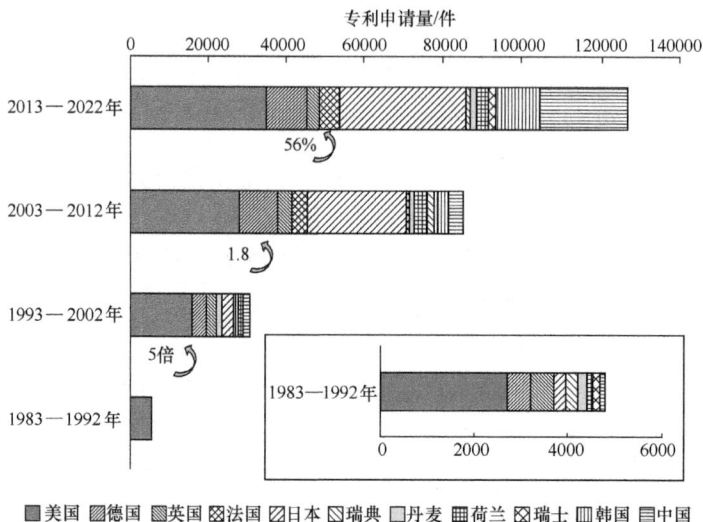

专利申请量/件

图 9-22　1983—2022 年全球主要国家绿色 PCT 专利申请量变化

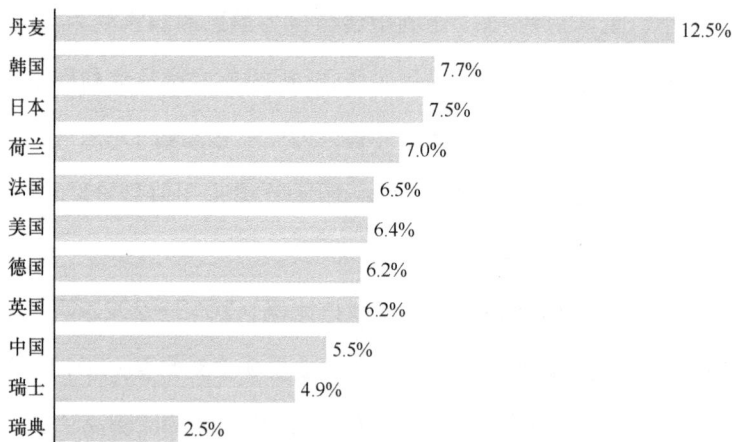

数据来源：WIPO PATENTSCOPE

图 9-23　2013—2022 年全球主要国家申请的 PCT 专利中绿色 PCT 专利占比

数据来源：WIPO PATENTSCOPE

第十章

我国具有全球影响力的数字创新高地

数字技术是全球产业科技创新的热点领域，广泛深入地渗透到经济社会发展的各个领域。数字技术创新和利用数字技术开展的产品、工艺、商业模式创新，催生了新产业、新业态、新模式，数字创新成为全球产业科技创新的风向标。数字创新具有开放共享和跨界融合的特征，强化创新要素集聚和创新主体交互，为集群式、规模化发展创造良好条件。数字创新不仅是全球科技革命和产业变革的重要方向，也赋予了经济社会发展新动能，为以我国为代表的后发国家的产业科技创新提供了重要的机会窗口。在我国，数字创新带来的集聚效应推动大规模数字产业及新兴融合产业集群诞生，形成数字技术与实体经济深度融合、科技与产业深度融合的数字创新高地，塑造和巩固了我国以数字创新为核心的全球竞争优势。

数字浪潮推动我国形成数字创新高地城市群

随着我国数字创新活动的持续活跃，数字领域创新主体和创新要素形成显著的空间集聚效应，推动以数字产业和新兴融合产业为代表的重点领域集群式发展，逐渐成为区域经济发展的关键动力，由此诞生了京津冀、长三角和粤港澳大湾区三大数字创新高地。从创新主体、创新要素、创新产出和数字创新相关产业的发展来看，我国数字创新高地已具有一定的全球影响力。为评估我国数字创新高地的建设进展，本书编写组研究制定了一套适合区域数字创新能力评价的指标体系，在分析我国 31 个省（自治区、直辖市）数字创新能力的基础上，进一步总结三大数字创新高地的发展特点。

（一）从全球视野来看，我国数字创新高地发展势能强

高水平创新主体集聚方面，我国三大数字创新高地已接近国际一流高地的水平。**一是我国数字创新高地培育和集聚了一批创新能力强的头部企业。**《欧盟产业研发投资记分牌 2023》数据显示，我国京津冀、长三角、粤港澳大湾区进入全球研发投入 2500 强的数字创新企业，数量均在 70 ～ 90 家，仅次于美国旧金山湾区（约 150 家），优于日本东京湾区（约 50 家）和美国纽约湾区（约 30 家）等国际一流数字创新高地。更重要的是，我国三大数字创新高地的数字创新企业的研发投入增长强劲，京津冀企业 2022 年研发投入同比增长率约为美国旧金山湾区的 2 倍，长三角和粤港澳大湾区企业同比增长率也高于美国纽约湾区和日本东京湾区。**二是我国数字创新高地的高水平高校和科研院所数量已位居世界前列。**2024 年 QS 世界大学排名前 100 的高校中，京津冀、长三角、粤港澳地区的高校分别有 2 家、3 家、5 家，与美国旧金山湾区（2 家）、美国纽约湾区（5 家）、日本东京湾区（2 家）相当。2023 自然指数（Nature Index）全球排名前 100 的科研机构中，美国（超过 20 家）位居第一，但位置相对分散，旧金山湾区和纽约湾区分别仅有 2 家和 1 家；我国（12 家）位居第二，高度集中在京津冀地区（10 家）。

创新要素集聚方面，我国数字创新高地持续优化创新环境，创新要素加快汇集。**一是数字科技人才高度集中。**全球数字科技人才总量约为 77.5 万人，其中，我国数字科技人才为 12.8 万人，位居全球第一，约是美国的 1.5 倍、日本的 8.3 倍。我国数字科技人才主要集中在京津冀、长三角和粤港澳大湾区，分别约为 2.4 万人、4.1 万人和 1 万人[1]。**二是风险投资活跃。**2020—2022 年，

---

1 数字科技人才数据来自《2023全球数字科技发展研究报告：科技人才储备实力研究》。

我国长三角地区数字创新领域风险投资交易数量超过 5000 笔，仅次于美国旧金山湾区，风险投资额接近 900 亿美元，略低于美国纽约湾区。同期，京津冀和粤港澳大湾区数字创新领域风险投资交易数量均约 3000 笔，与英国伦敦都市圈、韩国首尔都市圈接近，也处于世界前列。数字创新领域进入 2022 年全球研发投入 2500 强的企业分布如图 10-1 所示。全球数字创新高地 2020—2022 年数字创新领域获得风险投资情况如图 10-2 所示。

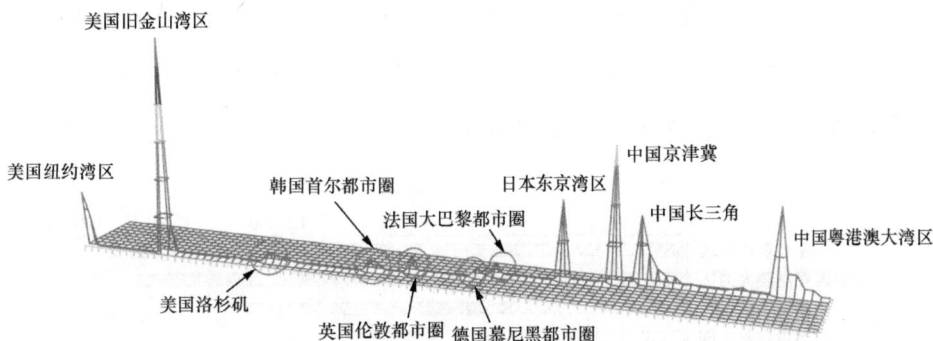

资料来源：欧盟委员会

图 10-1　数字创新领域进入 2022 年全球研发投入 2500 强的企业分布

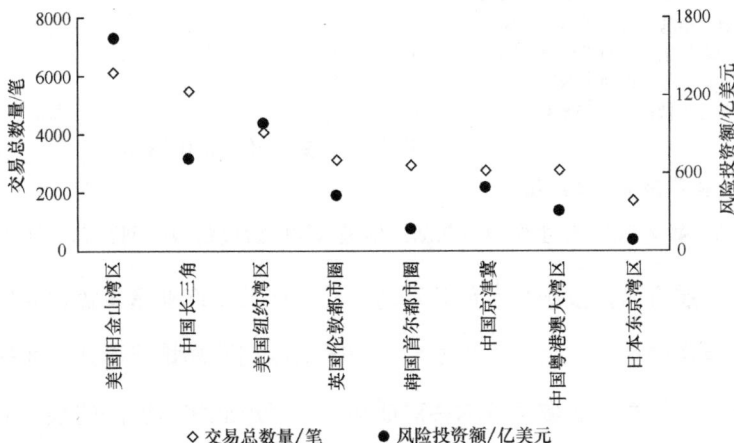

◇ 交易总数量/笔　● 风险投资额/亿美元

资料来源：CB Insights

图 10-2　全球数字创新高地 2020—2022 年数字创新领域获得风险投资情况

创新产出方面，我国数字创新高地经过多年的发展，积淀了丰富的专利储备。**一是有效专利总量多。**截至 2022 年年底，我国京津冀、长三角和粤港澳大湾区三大城市群的数字创新领域的有效专利均在 20 万件左右，高于美国旧金山湾区（约 15 万件）和纽约湾区（约 5 万件）。**二是国际化专利布局能力强。**截至 2022 年年底，我国粤港澳大湾区数字创新领域进入国家阶段的 PCT 专利数量超 16 万件，仅次于日本东京湾区，位居全球第二。京津冀和长三角地区的 PCT 专利数量相对较低，但也进入全球知名数字创新高地城市群之列。从细分领域来看，我国三大数字创新高地在数字通信和计算机技术领域的 PCT 专利布局多，半导体领域相对偏少。截至 2022 年主要数字创新高地进入国家阶段的数字创新 PCT 专利情况如图 10-3 所示。

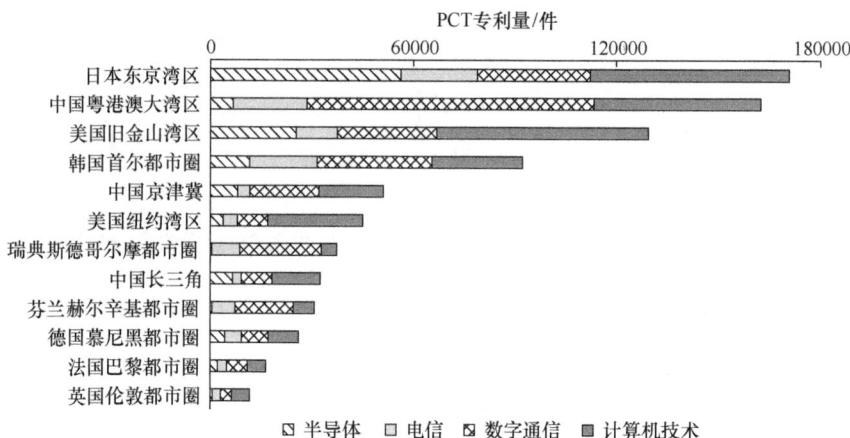

数据来源：世界知识产权组织

图 10-3　截至 2022 年主要数字创新高地进入国家阶段的数字创新 PCT 专利情况

产业发展方面，我国数字创新高地也已形成数字产业基本盘，为培育新动能奠定了坚实的基础。经过多年发展，**我国数字创新高地已形成庞大的数字技术簇群和产业体系，在数字技术相对成熟、数字产业化程度高的领域形成规模优势。**例如，在技术硬件和设备领域，长三角、粤港澳大湾区相关上市企业均接近 400 家，京津冀近 200 家，高于美国旧金山湾区、美国纽约湾区和日本东京湾区的相关企业上市数量。在软件与服务领域，京津冀和长三角地区相关上市企业均超 400 家，高于日本东京湾区的相关企业上市数量。同时，**我国数字创新高地积极布局前沿领域，加快培育新动能。**在人工智能领域，我国北京和上海进入全球十强城市，粤港澳大湾区和长三角地区的香港、杭州、深圳、南京等地进入全球二十强城市 [1]。在未来产业领域，咨询机构 ICV 发布的全球未来产业发展指数报告（GFII 2022）显示，我国京津冀、长三角、粤港澳大湾区在量子信息、元宇宙、下一代通信等领域进入全球前 20 强城市（群），其中北京在多个领域位居全球前五。

（二）从国内发展来看，我国数字创新高地多点开花、梯队发展

为全面深入了解我国数字创新高地的发展态势和水平，本书编写组研究建立区域数字创新能力评价指标体系，区域数字创新能力评价指标体系见表 10-1，从创新主体丰富度、创新主体协同度、创新要素集聚度和创新产出贡献度 4 个方面，评估我国 31 个省（自治区、直辖市）的数字创新能力。对 2022 年数据的评价显示，我国多数地区的数字创新能力较强，数字创新高地多点开花、梯队发展。

表 10-1　区域数字创新能力评价指标体系

一级指标	二级指标	三级指标
创新主体丰富度	市场主体	数字创新头部企业数量
		数字创新潜力企业数量
	科研主体	双一流高校数量
		新型研发机构数量
	创新平台	数字创新领域国家制造业创新中心数量
		数字创新领域工程研究中心数量
		数字创新领域国家技术创新中心数量

1　资料来源：AMiner《全球人工智能创新城市500强分析报告》。

一级指标	二级指标	三级指标
创新主体协同度	"产学研"合作	高校研发资金中来自企业的占比
		数字创新领域"产学研"合作专利
	产融协同	数字创新领域风险投资笔数
		数字创新领域境内外上市企业数量
	产业集群	数字创新领域国家级产业集群数量
		数字产业集聚度
创新要素集聚度	人才要素	研发人员全时当量
	资金要素	全社会研发经费支出强度
	知识要素	上年年末人均有效发明专利保有量
创新产出贡献度	技术产出	数字技术发明专利新增申请量
		人均技术合同交易额
		数字创新领域参与制定的国家标准数量
	经济产出	数字产业收入
	效率产出	数字创新领域创新贡献率

根据评估结果，2022 年我国数字创新能力评分在中位数及以上的省（自治区、直辖市）共 16 个，分成两大梯队。第一梯队（4 个）包括广东、北京、江苏、上海、浙江，数字创新能力强，创新主体丰富度、创新主体协同度、创新要素集聚度和创新产出贡献度 4 个指标均获评高分。第二梯队（11 个）包括湖北、山东、四川、陕西、安徽、重庆、天津、福建、湖南、辽宁、河北，在四大指标方面各有优势。**从地理位置来看，城市群集聚发展促进数字创新高地崛起。**第一梯队的部分核心城市与周边城市协同，形成京津冀、长三角和粤港澳大湾区三大数字创新高地城市群，第二梯队形成的山东半岛城市群、川渝城市群、长江中游城市群也具有形成数字创新高地的潜力。2021 年全国数字技术发明专利申请量排名前 50 的城市分布如图 10-4 所示，同样显示出多点开花、梯队发展的态势。

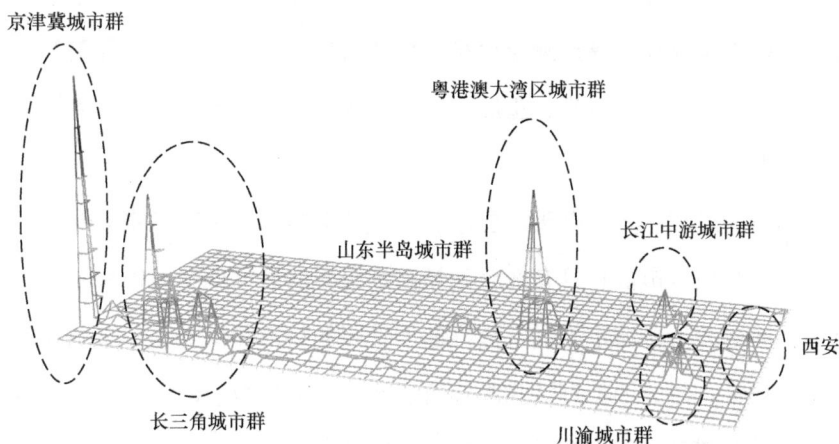

资料来源：智慧芽

图 10-4　2021 年全国数字技术发明专利申请量排名前 50 的城市分布

　　我国数字创新高地呈现两大特征。**一是数字创新高地城市群中心城市领先优势明显**。从数字创新领域市场主体[1]的城市分布来看，三大数字创新高地城市群的中心城市企业集聚数量大幅多于周边城市。北京、深圳和上海的数字创新型企业数量在全国排名前三。其中，北京和深圳在以各自为中心的城市群中的高峰特征显著，长三角城市群之间的差距相对较小，上海对周边城市的协同带动作用较强。京津冀城市群中，北京数字创新型企业数量约是天津的 5.8 倍；粤港澳大湾区城市群中，深圳数字创新型企业数量约是广州的 5.8 倍；长三角城市群中，上海数字创新型企业数量约是杭州的 2 倍、是苏州的 3.7 倍。**二是中西部城市具有巨大的数字创新潜力**。中西部地区成都、重庆、武汉三大城市抓住数字技术机遇，有力推进产业科技创新发展，数字创新领域市场主体数量进入全国前 10。成都、重庆、武汉三大城市数字创新头部企业虽然数量少，但拥有数字创新潜力的企业多，形成一定规模的国家级产业集群，并支持建设匹

1　市场主体主要是创新型企业，包括数字创新头部企业和数字创新潜力企业。

配当地特色产业领域的制造业创新中心等产业创新平台，为产业数字创新提供共性技术研发支撑和成果产业化服务。随着数字创新型企业的大量聚集和产业创新平台的不断完善，成都、重庆、武汉三大城市未来有望发展成为新一批数字创新高地。

由于资源禀赋、产业基础、国家及区域战略布局等多种因素的影响，我国各数字创新高地城市群和具有数字创新高地潜力的数字创新城市群的发展程度和类型不同。分析各城市（群）数字创新发展的特点和优劣势，总结其有益经验和主要短板，为进一步打造我国具有全球影响力的数字创新高地提供对策思路，也为其他城市（群）数字创新发展提供参考。

● 京津冀：科研驱动型创新高地，突出源头创新优势

京津冀地区科研主体集中，"产学研"合作活跃，科研驱动数字创新的特征明显。该地区以北京为核心，推动天津、河北承接北京科技创新溢出效应和产业转移，构建阶梯式协同高地，形成"一核带动、多级联动"的合作网络。

北京数字创新能力全国领先。区域数字创新能力评价结果显示，北京多数评价指标表现优异，总排名位列全国第一。**从创新主体来看，**北京是我国一流高校、科研院所聚集地，拥有35所双一流大学，全国排名第一。人才创新创业积极性高，数字创新企业数量多。2022年，北京数字创新头部企业超过70家，全国排名第一[1]；数字创新潜力企业超过600家，全国排名第二。**从创新平台来看，**北京有数字创新领域的国家工程研究中心、国家制造业创新中心、国家技术创新中心等近50家创新平台，遥遥领先于全国其他地区。**从"产学研"合作来看，**北京发挥资源优势，积极推进"产学研"协同创新，2022年数字创新领

---

1 本章如未在正文特别标注，全国排名均指省（自治区、直辖市）层面的排名。

域"产学研"合作发明专利申请数量约为 1500 件，全国排名第一。**从创新要素集聚来看，**北京的研发投入和知识资源在全国位居第一，2022 年研发投入超过 2800 亿元，研发投入强度[1] 达 6.8%，位居全国第一；人均数字发明专利保有量超过 200 件，位居全国第一。

天津具备较强的重点数字领域创新能力。天津持续加强芯片、操作系统、整机终端、应用软件等重点数字领域的产业科技创新，设立"北方大数据交易中心"，推动数据要素市场化配置。**从创新主体和产业集群来看，**天津数字创新企业数量较多，创新动能强。天津拥有 4 家数字创新头部企业，主要涉及信息安全、半导体材料、高性能计算机和通信领域，带动了一批产业链上下游关键环节配套企业。2022 年，天津拥有数字创新潜力企业近百家。这些数字创新潜力企业覆盖范围广，既涉及通信设备、电子元器件、计算机等数字产业，也包括智能设备、机器人、自动驾驶等数字赋能的新兴融合产业，其中不乏在信息安全、半导体和计算机等细分领域深耕 10 余年的企业。特别是信息安全领域，天津推动行业集聚创新发展，不仅设有网络安全应急技术国家工程研究中心，还依托滨海高新区形成信息安全产业集群。**从创新投入和创新产出来看，**2022 年，天津的研发投入强度仅次于北京和上海，人均发明专利保有量处于全国前列，人均技术合同交易额位居全国第三。天津规模以上电子信息制造业营业收入超 2600 亿元，软件和信息技术服务业营业收入超 2700 亿元，成为区域经济发展的重要动能。

河北部分城市呈现数字创新集群效应。依托京津冀大数据综合试验区建设、中国国际数字经济博览会永久落户石家庄等重大机遇，近年来，河北省加速推进数字领域产业创新发展。**从市场主体来看，**河北省拥有一家芯片领域数字创新头部企业，专注通信领域电子元器件制造；数字创新潜力企业 70 余家，在全

1　研发投入强度是指全社会研发经费支出占GDP的比例。

国处于中游水平。从数字创新潜力企业的行业来看，河北已基本形成第三代半导体、太阳能光伏等领域的完整产业链条。从数字创新潜力企业的分布来看，主要集中在省会石家庄和环北京城市。其中，20余家位于省会石家庄，合计近30家位于与北京接壤的唐山、廊坊、保定、承德。**从产业集群来看**，河北在数字创新领域打造了2个国家级产业集群，分别是燕郊高新区新型电子元器件及设备制造产业集群和保定新能源与智能电网装备产业集群。同时，河北正在打造8个省级电子信息产业集群，例如，石家庄光电与导航产业集群、唐山工控软件及工业大数据产业集群等，廊坊、张家口也已初步形成大型、超大型数据中心产业集群。

近年来，京津冀高地正在形成中心城市加强原始创新、周边城市承接科技创新溢出的协同发展格局。**一是北京大力激发原始创新活力。**北京加强顶层设计，出台《北京市加快建设具有全球影响力的人工智能创新策源地实施方案（2023—2025年）》《北京市促进通用人工智能创新发展的若干措施》《北京市数字经济促进条例》《北京市促进未来产业创新发展实施方案》等文件，支持人工智能、6G、量子信息、人形机器人等领域发展。启动高精尖产业"筑基工程"，以"揭榜挂帅"等方式促进信息技术、智能制造等领域自主创新。支持研究型高校和高水平科研机构推进重大创新突破和科技攻关。高标准建设新型研发机构，开展产业共性技术研发和创新成果落地转化。在下一代互联网等领域新设产业创新中心、北京国际数据实验室等创新平台，推动技术创新和产业生态构建。**二是天津、河北加快承接科技创新溢出。**一方面，京津冀地区持续加强创新资源共享，雄安新区中关村科技园、天津滨海—中关村科技园、宝坻京津中关村科技城、保定·中关村创新中心等园区，共同推动创新成果"北京研发、津冀验证和转化"。北京互联网、机器人、航空航天信息等领域的部分科技人才、高精尖项目、研发中心加快落地天津和河北。另一方面，产业链协同推动京津冀紧密连接。北京开展"强链补链"行动，支持头部企业带动京津冀地区配套企业入链、进体系。三地产业协同从单个企业、单一项目对接向产业链供应链区域联动转变，共同打造重点产业链、产业集群和产业廊道。例如，数据中心成为京津冀三地协同的关键领域，北京市数据中心加快向河北环京区域外溢，数字头部企业竞相在张家口、廊坊、承德、保定等地布局，京津冀成为全国一体化算力网络国家枢纽节点之一。

⬤ 粤港澳大湾区：产业驱动型创新高地，科技赋能市场

粤港澳大湾区是我国对外开放的重要窗口，创新创业氛围活跃。企业抓住数字化机遇快速获取世界先进的数字技术，及时响应数字产品制造新需求，现发展成为全球关键的电子信息产业集聚区。近年来，粤港澳大湾区充分发挥市场化程度高、产业基础厚、开放程度高、政策优惠多等优势，积极吸纳全球科技创新资源，不断提升创新竞争力和国际影响力。

深圳和广州双核联动引领粤港澳大湾区创新发展。数字创新能力评价结果显示，广东省市场主体、产融协同、产业集群、创新要素集聚度、技术产出、经济产出等多项指标排名位居全国第一，其中，深圳和广州引领示范作用突出。**从市场主体来看，**广东省数字创新企业总量全国领先，约有 70 家数字创新头部企业，其中一半以上聚集在深圳。广东省数字创新潜力企业数量超 1000家，在全国处于遥遥领先地位，包括国家级专精特新"小巨人"、独角兽企业等，其中三分之一以上聚集在深圳。**从产融协同来看，**深圳和广州加快推进QDLP[1] 和 QFLP[2] 试点，开通"跨境投资的双向高速路"。2022 年，广东省数字创新领域风险投资交易数量从 2021 年全国第三跃升至全国第一。**从产业集群来看，**广东省形成深圳市新一代信息通信集群、广深佛莞智能装备集群等 25

1　QDLP（Qualified Domestic Limited Partner，合格境内有限合伙人）。
2　QFLP（Qualified Foreign Limited Partner，合格境外有限合伙人）。

个数字创新领域国家级产业集群，全国排名第一，已成为全球最重要的电子信息制造产业集聚区，正加快向世界级电子信息制造产业集群发展。**从创新要素集聚度来看**，广东省对科创人才的吸引力不断增强，2022年研发人员全时当量全国第一。近年来，深圳和广州大力建设高水平高校和科研院所，依托高端平台引进和培育人才。广东省研发投入强度达到3.4%，其中，广州研发投入强度连续8年稳定增长，深圳企业研发投入占全社会研发投入的比例位居全国城市第一。**从技术产出来看**，广东省创新成果数量领先，2022年数字技术发明专利新增申请量达6万余件，其中，深圳连续多年位居全国前列。**从经济产出来看**，2022年，广东省数字产业营业收入合计超过7万亿元，占全国五分之一。其中，电子信息制造业营业收入超5万亿元，排名全国第一；软件和信息服务业营业收入近2万亿元，仅次于北京；电信业务收入和互联网业务收入位居全国前三。

香港和澳门成为粤港澳大湾区"超级中介人"，巩固对外开放优势，把握科技创新脉搏，形成新的发展动力，主动融入国家发展大局。**在产业集群方面**，香港在新田/落马洲地区增加约2000亩（约1.333平方千米）科创用地，推进与深圳科创园区的协同发展，打造更具规模效益的产业集群。澳门在横琴粤澳深度合作区布局建设一批急需的科技基础设施，组织实施国际大科学计划和大科学工程，建设人工智能协同创新生态，打造第6版互联网协议（IPv6）应用示范项目、5G应用示范项目和下一代互联网产业集群。**在创新合作方面**，香港规划"双城三圈"，在北部都会区打造深圳湾优质发展圈、港深紧密互动圈和大鹏湾/印洲塘生态康乐旅游圈，促进港深两地优势互补，汇聚粤港澳大湾区以及全球的创新资源。澳门与横琴深化创新合作，横琴地区累计注册澳资企业近5000家，澳门部分国家重点实验室设立了横琴分部。

随着产业升级，粤港澳大湾区对创新策源能力的要求也在提升，产业创新发展不断向基础和前沿领域延伸。通过市场化手段配置创新资源，探索需求导向明确的"科学—技术—应用"一体化创新模式，粤港澳大湾区科技赋能产业、产业反哺科技的态势逐渐凸显。广东省多个城市围绕产业转型升级和新兴产业培育需求，加快引进全球优质创新资源，建成一批重大科技基础设施、新型创新平台，与已有产业基础形成互补。广东省实施基础与应用基础研究十年"卓粤"计划，围绕量子科技、脑科学与类脑、半导体器件和集成电路等重点领域的核心科学问题开展研究，切实提高产业发展迈向创新"无人区"阶段的攻坚能力。同时，粤港澳大湾区加快融入全球创新网络，以"广深港""广珠澳"科技创新走廊为脊梁，扩大与国际数字创新先进城市的合作。目前，粤港澳大湾区已建成 30 余家国家级、70 余家省级国际科技合作基地。

长三角：均衡发展型创新高地，强化创新策源功能

长三角地区数字创新要素丰富，以上海为中心辐射带动江苏、浙江和安徽三省部分城市创新发展，形成科技基础坚实、综合实力强劲的数字创新高地。

上海发挥创新引领作用。数字创新能力评价结果显示，上海多项指标远超全国平均水平，市场主体、产融协同、知识投入、技术产出等指标优势明显，达到全国均值的 3 倍以上，在全国各地区中名列前茅。**从创新主体来看，**上海数字创新企业集聚，截至 2022 年，共有数字创新头部企业近 40 家，数字创新潜力企业超 400 家。上海吸引国际企业的优势突出，聚集了跨国公司地区总部近 900 家、外资研发中心 500 余家，位居全国（不含港澳台）第一。为了支持企业创新，上海在布局国家级重大创新平台之外，围绕重点产业核心需求，支持建设了一批研发与转化功能型平台，切实突破产业科技难题。**从创新要素集聚度来看，**2022 年，上海研发投入强度和人均发明专利保有量位居全国第二，达到全国平均水平的 3 倍多。上海发达的金融业和多层次的金融服务体系为数字创新和产业发展提供了充足的资金支持，2022 年上海数字创新领

域风险投资数量达到全国平均水平的 4 倍以上。**从产业集群来看，**上海是全国集成电路产业链最完整、技术水平最高、综合竞争力最强的地区，吸引全国 40% 的集成电路人才，承担 50% 左右的国家专项任务，产业规模达 3000 亿元，占全国近四分之一。近年来，上海积极布局人工智能产业，创新成果不断涌现，大规模视觉模型与算法开源开放平台达到世界先进水平。

长三角城市群综合实力突出。2022 年全球创新指数（Global Innovation Index，GII）显示，上海—苏州集群首次进入全球百强科技集群前五，南京提升 2 位，杭州首次进入全球前 20。**从创新主体来看，**长三角创新策源力强，集中了近 30 家双一流高校和超 700 家新型研发机构，布局建设 20 余个重大科技基础设施。其中，上海和合肥加快打造世界级重大科技基础设施集群，光源、超算、激光、量子精密测量等领域的大装置建设步伐加快，服务效能不断提升。同时，长三角地区数字创新企业发展迅速，数字创新头部企业超 80 家，数字创新潜力企业达 1500 家。**从产业集群来看，**长三角数字领域国家级产业集群数量领先，城市间产业深度互嵌和配套合作。集成电路领域，上海聚焦设计研发，苏州和合肥在制造、封装测试方面快速发展。人工智能领域，上海侧重智能计算和应用场景开发，合肥在智能语音、类脑智能方面发展迅速，南京、苏州等地主要布局图像识别、智能传感、超级计算等。**从产融协同来看，**长三角支持产业科技创新的金融体系相对完善。在股权融资方面，上海证券交易所新设科创板专门支持科技创新企业上市融资，合肥成功探索"以基金撬动资本，以资本引入产业"的高技术产业投资模式。在债权融资方面，长三角的贷款规模总量约占全国的三分之一。

近年来，长三角地区加强打造科技创新共同体，强化创新策源功能，推动产业升级。2022 年《长三角科技创新共同体联合攻关合作机制》出台，以"科创＋产业"为引领，推动区域间紧密互动和协同创新，通过"企业出题"，长三角三省一市共同发榜、共同揭榜、共同支持、共同管理，联合突破一批关键核心技术。截至 2023 年年底，长三角累计发布"企业出题"的 48 项重点揭榜任务，研发投入超过 10 亿元。为增强创新策源力，长三角地区加强重大科技基础设施建设，并启用科技资源共享服务平台和科技创新券，推动区域科技资源共享共用。为加强上海辐射带动长三角地区协同创新和产业升级，依托 G60 高速和沪苏湖高铁等交通大动脉，连接上海松江，江苏苏州，浙江嘉兴、杭州、金华、湖州和安徽宣城、芜湖、合肥九地，建设长三角 G60 科创走廊，推动"从 0 到 1"的原创性突破和"从 1 到 100"的全产业链创新。

⚙ 山东半岛、川渝地区和长江中游：潜力型创新高地，做优做强特色领域

　　山东半岛、川渝地区和长江中游的湖北、湖南，依托较强的科研实力和制造业基础，在数字创新和产业发展方面走在全国前列，分别形成三大特色城市群。与创新高地相比，三大城市群的数字创新能力虽有差距，但在数字创新企业培育、创新平台建设、产融结合等方面持续加大支持力度，具备成为数字创新高地的潜力。

　　山东省具备培育数字创新高地的良好条件。数字创新能力评价结果显示，山东省评分排名第六，位居全国前列。从指标雷达图来看，山东省市场主体、科研主体、效率产出等指标分值相对突出。当前，山东省以青岛、济南双核带动，辐射烟台、潍坊、淄博、威海等城市，形成山东半岛数字创新城市群。从**创新主体来看**，2022 年，山东数字创新头部企业近 10 家，超过一半分布在青岛和济南；数字创新潜力企业超 200 家，近 50% 集中在青岛和济南，35%分布在烟台、淄博和威海。山东省科研主体优势较强，集聚新型研发机构 300 余家，全国排名第二，其中青岛数量最多。从**产融协同来看**，山东省风险投资相对活跃，2022 年数字创新领域的风险投资笔数较 2021 年实现翻番。数字

创新领域境内外上市企业明显增多，新增上市企业主要分布在济南、青岛、淄博等城市。**从技术产出来看**，山东省创新成果丰硕。2022 年，人均发明专利保有量约 19 项，数字技术发明专利申请量约 1.3 万项，人均技术合同成交额约 3200 万元，参与制定数字创新领域国家标准超 100 项，均处于全国前列。青岛科技创新能力大幅提升，2022 年在全球百强科技集群中排名第 23，较前一年上升 11 位。

川渝地区联合建设数字创新城市群。数字创新能力评价结果显示，四川和重庆数字创新水平在全国处于中上游，两个地区指标分值分布特征相似，协同发展，共同构筑数字创新优势。**从创新主体来看**，四川和重庆数字创新潜力企业数量约为 200 家和 100 家，位于全国前列。川渝地区的数字创新企业主要集中在成都、重庆和绵阳等城市，重点从事电子信息制造行业。高水平数字创新平台在成渝加快落地，成都支持建设先进微处理器技术国家工程实验室和国家超高清视频创新中心，重庆推动国家地方共建硅基混合集成创新中心。**从产业集群来看**，川渝地区的数字创新企业形成较强的集群效应。成都规模达千亿级的产业集群有 8 个，并已形成软件和信息服务集群、数字新媒体创新型产业集群两个国家级产业集群。重庆已形成智能终端、软件和信息技术服务两个千亿级产业集群，以及集成电路、新型显示、仪器仪表、智能家电等百亿级产业集群。**从创新产出来看**，四川和重庆数字创新领域创新产出较多。2022 年，四川和重庆数字创新领域新增发明专利申请量分别约 1 万件和 5200 件，位居全国第八和第十二位；参与制定的国家标准分别为 70 和 60 余项，位居全国第八和第十位；数字产业收入分别约为 1.6 万亿元和 1 万亿元，位居全国第七和第十位。**近年来，川渝地区协同发展进度加快**，尤其在数字创新相关新型基础设施建设、政策协同上共同发力。成都和重庆两地共建工业互联网标识解析体系，成为全国一体化算力网络国家八大枢纽节点之一，2023 年 4 月，四川省经济和信息化厅和重庆市经济和信息化委员会联合印发《2023 年成渝地区工业互联网一体化发展示范区建设工作要点》，将共同培育工业互联网平台，推进企业上云用云。

长江中游科技产业融合，数字创新活跃。数字创新能力评价结果显示，长江中游地区的湖北和湖南数字创新能力较强，这两地的科研主体和"产学研"合作评分明显较高。尤其湖北高校研发资金来自企业的比例和"产学研"合作申请数字创新发明专利的数量排名均位于全国前列，分别位居第五和第七。湖北和湖南两省约70%的数字创新型企业集聚在武汉、宜昌、长沙、株洲4个城市，形成较为典型的数字创新城市群。**湖北在光电领域创新势能强。**从市场主体来看，湖北的数字创新头部企业数量达7家，多数在光电通信领域。光电通信领域头部企业牵头组建"国家信息光电子创新中心"，承担我国信息光电子制造业"关键和共性技术协同研发，实现首次商业化"战略任务。湖北拥有230余家数字创新潜力企业，主要在光电和显示领域，武汉聚集企业数量最多占比62%，宜昌聚集近20家企业，在湖北省排名第二。**湖南在智能设备制造领域创新实力硬。**从市场主体来看，湖南顺应数字化、智能化浪潮，在电子零部件和消费电子制造等领域诞生了4家数字创新头部企业，总部均在长沙。湖南拥有近160家数字创新潜力企业，主要集中在电子设备、元器件和机床制造等领域。尤其长沙作为我国早期机床产业的先驱，在数字化变革机遇中加大力度发展高端数控机床产业。株洲以轨道交通优势产业为核心，形成自动化、电子元器件、软件系统等上游配套产业集群，数字创新潜力企业近20家，在湖南省排第二。**近年来，长江中游城市群数字创新势头强劲，**加速布局人工智能、自动驾驶等新兴产业，武汉和长沙均成为国家人工智能创新应用先导区，获批建设国家新一代人工智能公共算力开放创新平台。武汉在自动驾驶领域走在全国前列，截至2023年年底，累计开放自动驾驶测试道路单向里程突破3378.73千米，覆盖武汉12个行政区，辐射面积约3000平方千米，开放里程和开放区域数量均位居全国第一。

我国数字创新高地建设展望

（一）对标世界一流，提升数字创新综合实力

对标美国旧金山湾区、纽约湾区等世界一流数字创新高地，我国应充分发挥既有优势，促进综合能力提升，营造良好的数字创新生态。**一是固底板增强转化能力。**美国旧金山湾区数字创新始终引领全球，原因在于其高校与企业的无缝衔接、企业原创能力的不断提升，以及区域内不同城市之间合作网络的畅通，形成科技、产业、金融一体化的良好创新生态，打造了适宜数字创新的"热带雨林"。我国京津冀地区，尤其是北京，具备科技人才集中、科研实力突出、政策先行先试、创新创业条件良好等优势，未来应加快探索新型研发及转化组织形态和方式，提高成果落地转化能力，增强企业特别是头部企业的底层创新能力和生态主导能力，打造世界一流数字创新高地的先行示范区。**二是锻长板带动创新能力。**长三角尤其是上海与纽约优势类似，具备发达的金融体系。纽约从国际金融中心转为国际科技创新中心，打造了集聚大量科创企业的"硅巷"，已成为初创企业发展的首选地。长三角地区应加快促进以金融赋能数字产业发展，进一步提升数字领域创业活力，加快迈向世界一流数字创新高地。**三是补短板增强持久动力。**粤港澳大湾区与日本东京湾区类似，产业实力突出，尤其是电子信息制造业、智能制造业发达。日本东京湾区当前加快布局 5G、数据中心等信息基础设施，大科学装置数量实现全球领先，日本东京湾区内的城市间合作频繁。粤港澳大湾区具备打造世界一流数字创新高地的潜力，应进一步集聚科教资源，加强需求导向的应用基础研究以及关键共性技术、颠覆性技术突破，加快提升产业创新能级。

（二）结合区域特征，形成分类推进和深度协作格局

我国各数字创新高地发展程度和发展类型不同，应因地制宜、分类推进，加强高地间的互动合作，形成"各展其长、优势互补"新态势。**一是提升数字创新高地创新策源能力。**对于京津冀、长三角、粤港澳大湾区等对标国际一流的数字创新高地，支持探索新路径、新模式、新机制，建立政企合作的产业创新联盟、头部企业或共性技术研发机构主导的产业创新共同体，深化数字创新领域的基础研究及产业应用。**二是加强后备数字创新高地的培育。**支持数字创新城市群结合区域特色，深耕产业细分赛道，发挥数字创新头部企业引领带动作用，鼓励产融结合和大中小企业融通发展，促进创新潜力企业培育，打造更具竞争力的产业集群。**三是科学引导高地产业结构布局。**对"核心高、外围低"的地区，应加强核心区域的数字创新能力外溢，辐射带动周边地区数字领域产业创新发展。对"多核并列"地区，应加强整体统筹，避免出现产业同质化竞争。**四是强化数字创新高地的区域协作。**建立对接帮扶机制，尤其是引导实力较强的数字创新高地带动有发展潜力的地区，通过建立跨区域、跨组织创新合作平台、产业基地、科创飞地等，实现资本、人才、技术、市场等的有效互补。应用数字化平台促进创新要素共享共用，借鉴"长三角科技资源共享服务平台"成功经验，发挥数字平台加速供需匹配和网络化、规模化效应，促进创新要素高效配置和跨区域流动。

（三）增强内生动力，聚力重点领域实现突破升级

全球数字创新高地竞争日趋激烈，我国数字创新高地需立足已有基础，进一步增强内生动力和国际竞争力。**一是培育高水平数字创新战略科技力量。**进

一步完善数字创新型企业支持政策，引导企业加大创新投入，尤其是激励头部企业加大基础研究投入，向创新链前端延伸。优化高水平数字创新平台布局，充分发挥国家科研机构、高水平研究型高校、区域科研机构作用，实现创新要素高效集聚和配置优化、行业共性技术研发水平显著提升。**二是打造具有国际竞争力的数字产业集群。**促进数实深度融合，支持5G、工业互联网、工业机器人等发展，加强新兴数字技术在传统产业的应用推广，进行全方位、全角度、全链条改造，推动产业能级跃升。加快培优育新，引导各数字创新高地结合自身基础、瞄准重点方向、围绕产业特征，从政策支持、空间支撑、技术研发、成果转化、场景开放等多方面提前部署、系统布局，抢占人工智能、机器人、量子科技、脑机接口、自动驾驶等未来产业发展的制高点。**三是加快数字基础设施建设步伐。**持续适度超前推进数字基础设施建设，推动数据资源整合共享及开发利用，进一步完善数据要素开发利用机制，夯实数字创新高地发展的基础支撑能力。